"一带一路"背景下
中蒙边境贸易纠纷解决机制研究

yidai yilu beijing xia
zhongmeng bianjing maoyi jiufen jiejue jizhi yanjiu

胡玉荣 著

图书在版编目（CIP）数据

"一带一路"背景下中蒙边境贸易纠纷解决机制研究/胡玉荣著. —北京：中央民族大学出版社，2023.12

ISBN 978-7-5660-1952-3

Ⅰ.①一… Ⅱ.①胡… Ⅲ.①边境贸易—经济纠纷—研究—中国、蒙古 Ⅳ.①D922.295.4

中国国家版本馆CIP数据核字（2023）第253662号

"一带一路"背景下中蒙边境贸易纠纷解决机制研究

著　　者	胡玉荣
责任编辑	黄修义
封面设计	舒刚卫
出版发行	中央民族大学出版社
	北京市海淀区中关村南大街27号　邮编：100081
	电话：（010）68472815（发行部）　传真：（010）68933757（发行部）
	（010）68932218（总编室）　　　　（010）68932447（办公室）
经 销 者	全国各地新华书店
印 刷 厂	北京鑫宇图源印刷科技有限公司
开　　本	787×1092　1/16　印张：12.75
字　　数	193千字
版　　次	2023年12月第1版　2023年12月第1次印刷
书　　号	ISBN 978-7-5660-1952-3
定　　价	62.00元

版权所有　翻印必究

目 录

第一章 导论 …… 001

第一节 研究背景 …… 001
一、我国与"一带一路"沿线国家边境贸易法律保障的需求 …… 001
二、中蒙边境民族地区区域发展的现实需求 …… 002

第二节 问题的提出、研究目的和研究意义 …… 003
一、问题的提出 …… 003
二、研究目的 …… 004
三、研究意义 …… 004
（一）理论意义 …… 004
（二）现实意义 …… 005

第三节 研究内容与基本思路 …… 006
一、研究内容 …… 006
二、基本思路 …… 008

第四节 研究方法及创新和不足之处 …… 009
一、研究的方法 …… 009
（一）文献分析法 …… 009
（二）案例分析方法 …… 010
（三）实地（田野）调查的方法 …… 010
（四）比较分析法 …… 014
二、创新和不足之处 …… 015
（一）研究的创新之处 …… 015

（二）不足或需要进一步探讨的问题 ⋯⋯⋯⋯⋯⋯⋯⋯⋯⋯⋯⋯⋯⋯ 017

第二章 文献综述与理论基础 ⋯⋯⋯⋯⋯⋯⋯⋯⋯⋯⋯⋯⋯⋯⋯⋯⋯ 018

第一节 文献综述 ⋯⋯⋯⋯⋯⋯⋯⋯⋯⋯⋯⋯⋯⋯⋯⋯⋯⋯⋯⋯⋯⋯ 018
一、国外相关研究动态 ⋯⋯⋯⋯⋯⋯⋯⋯⋯⋯⋯⋯⋯⋯⋯⋯⋯⋯⋯ 018
（一）关于纠纷解决机制的国外研究动态 ⋯⋯⋯⋯⋯⋯⋯⋯⋯⋯ 018
（二）关于中蒙边境贸易的国外研究动态 ⋯⋯⋯⋯⋯⋯⋯⋯⋯⋯ 020
二、国内研究动态 ⋯⋯⋯⋯⋯⋯⋯⋯⋯⋯⋯⋯⋯⋯⋯⋯⋯⋯⋯⋯⋯ 020
（一）关于纠纷解决机制的研究 ⋯⋯⋯⋯⋯⋯⋯⋯⋯⋯⋯⋯⋯⋯ 020
（二）关于边境贸易纠纷解决的研究 ⋯⋯⋯⋯⋯⋯⋯⋯⋯⋯⋯⋯ 022

第二节 基础理论 ⋯⋯⋯⋯⋯⋯⋯⋯⋯⋯⋯⋯⋯⋯⋯⋯⋯⋯⋯⋯⋯⋯ 025
一、纠纷解决理论 ⋯⋯⋯⋯⋯⋯⋯⋯⋯⋯⋯⋯⋯⋯⋯⋯⋯⋯⋯⋯⋯ 025
二、社会治理理论 ⋯⋯⋯⋯⋯⋯⋯⋯⋯⋯⋯⋯⋯⋯⋯⋯⋯⋯⋯⋯⋯ 025

第三章 中蒙边境贸易发展概述 ⋯⋯⋯⋯⋯⋯⋯⋯⋯⋯⋯⋯⋯⋯⋯⋯ 027

第一节 中蒙边境贸易发展历程 ⋯⋯⋯⋯⋯⋯⋯⋯⋯⋯⋯⋯⋯⋯⋯ 027
一、启动和发展经济贸易关系时期（20世纪50年代至60年代初） 028
（一）1949—1992年中蒙两国同属社会主义阵营 ⋯⋯⋯⋯⋯⋯ 029
（二）中蒙两国政府的支持 ⋯⋯⋯⋯⋯⋯⋯⋯⋯⋯⋯⋯⋯⋯⋯⋯ 029
（三）中蒙两国进出口贸易的互补性 ⋯⋯⋯⋯⋯⋯⋯⋯⋯⋯⋯⋯ 029
二、大幅萎缩时期（20世纪60年代中期至80年代） ⋯⋯⋯⋯⋯⋯ 029
（一）中蒙关系受国际形势变化和中苏关系恶化的影响 ⋯⋯⋯ 030
（二）中蒙两国友好合作关系破裂 ⋯⋯⋯⋯⋯⋯⋯⋯⋯⋯⋯⋯⋯ 030
三、全面恢复发展经济贸易时期（20世纪80年代中后期） ⋯⋯⋯ 030
（一）国际形势出现开放和合作的趋势 ⋯⋯⋯⋯⋯⋯⋯⋯⋯⋯⋯ 031
（二）中蒙两国高层领导的互访带动了中蒙两国边境贸易发展 ⋯⋯ 031
（三）中蒙两国对外政策的变化 ⋯⋯⋯⋯⋯⋯⋯⋯⋯⋯⋯⋯⋯⋯ 031

（四）中国的改革开放和蒙古国经济的转型 …………………… 032
　四、全面快速发展时期（20世纪90年代末至今）………………… 032
　　（一）中蒙两国加强合作 …………………………………………… 033
　　（二）中蒙两国经济的飞速发展 …………………………………… 033
　　（三）中蒙两国经济贸易互补性加强 ……………………………… 034

第二节　中蒙边境贸易发展现状 …………………………………… 034
　一、双边贸易额保持稳定增长态势 ………………………………… 035
　二、双边贸易互补性强 ……………………………………………… 036
　　（一）自然资源的互补 ……………………………………………… 036
　　（二）商品结构的互补 ……………………………………………… 036
　　（三）劳动力与技术的互补 ………………………………………… 037
　三、进出口货物贸易结构日趋合理 ………………………………… 038
　四、服务贸易额不断增加 …………………………………………… 039
　五、蒙古国对中国的贸易持续顺差 ………………………………… 040
　六、内蒙古口岸贸易的作用逐步增强 ……………………………… 042

第三节　中蒙边境贸易存在的问题 ………………………………… 044
　一、受中蒙双边关系的影响巨大 …………………………………… 044
　二、受蒙古国政策法律变化的制约 ………………………………… 045
　三、蒙古国基础设施不完善 ………………………………………… 047
　四、贸易秩序混乱 …………………………………………………… 048
　五、边境贸易合作行业集中 ………………………………………… 049
　六、商品质量良莠不齐 ……………………………………………… 049
　七、税收优惠政策的影响大 ………………………………………… 050

第四章　中蒙边境贸易纠纷的特点和产生原因 ………………… 052

第一节　中蒙边境贸易纠纷的特点 ………………………………… 053
　一、纠纷数量逐年增多 ……………………………………………… 053
　二、纠纷主体多元 …………………………………………………… 056

三、纠纷类型多样化 ·· 057
　　四、解决途径比较单一 ······································ 060
　　五、涉及的法律问题复杂 ···································· 062
　　　（一）我国目前在中央层面调整边境贸易的法律法规和规章制度 ··· 062
　　　（二）内蒙古自治区开展边境口岸贸易的地方性法规梳理 ········ 064
　第二节　中蒙边境贸易纠纷产生的原因 ····························· 067
　　一、边境贸易秩序不规范 ···································· 067
　　二、受蒙古国用工制度的限制 ································ 069
　　三、蒙古国对中国边境贸易政策壁垒 ·························· 072
　　四、蒙古国边境贸易法律制度不健全 ·························· 073
　　五、中蒙边境贸易企业管理机制不健全 ························ 074
　　　（一）参与边境贸易企业层次参差不齐 ······················ 074
　　　（二）边境贸易企业法律风险告知机制不完善 ················ 074
　　　（三）中蒙边境贸易企业商业素质有待提高 ·················· 075
　　六、中蒙两国文化差异与冲突 ································ 075

第五章　中蒙边境贸易纠纷现行解决机制 ·············· 078

　第一节　我国对中蒙边境贸易纠纷的解决机制 ······················· 079
　　一、非诉讼解决机制 ·· 080
　　　（一）非诉讼纠纷解决机制的概念 ·························· 080
　　　（二）非诉讼解决机制的特点 ······························ 081
　　　（三）非诉讼纠纷解决机制的类型 ·························· 088
　　二、诉讼解决机制 ·· 089
　　　（一）对诉讼解决机制的利用率低 ·························· 090
　　　（二）阻碍利用诉讼解决机制的原因 ························ 091
　　　（三）诉讼解决机制的对抗性引发矛盾扩大 ·················· 095
　第二节　蒙古国对中蒙边境贸易纠纷的解决机制 ····················· 097
　　一、协商调解机制 ·· 097

二、仲裁机制……………………………………………………… 100
　　　（一）自主性…………………………………………………… 102
　　　（二）高效性…………………………………………………… 103
　　　（三）平等性…………………………………………………… 103
　　三、民事诉讼机制………………………………………………… 104

第六章　中蒙边境贸易纠纷解决机制存在的问题……………… 108

第一节　中蒙边境贸易纠纷非诉讼解决机制存在的问题……… 109
　　一、协商解决机制存在的问题…………………………………… 109
　　　（一）协商的过程缺乏监督…………………………………… 109
　　　（二）协商没有期限限制……………………………………… 109
　　　（三）协商的结果不具有终局性……………………………… 111
　　二、调解解决机制存在的问题…………………………………… 111
　　　（一）民间调解机制存在的问题……………………………… 112
　　　（二）行政调解机制存在的问题……………………………… 114
　　　（三）商事调解机制存在的问题……………………………… 116
　　三、仲裁解决机制存在的问题…………………………………… 117
　　　（一）仲裁解决机制利用率不高……………………………… 118
　　　（二）具体仲裁制度不健全…………………………………… 119
　　　（三）临时仲裁机构缺失……………………………………… 122

第二节　中蒙边境贸易纠纷诉讼解决机制存在的问题………… 123
　　一、案件性质的认定难…………………………………………… 124
　　二、法律适用复杂………………………………………………… 127
　　三、外国法的查明难度大………………………………………… 129
　　　（一）中蒙边境贸易纠纷案件的当事人提供………………… 129
　　　（二）由与我国订立司法协助协定的蒙古国中央机关提供…… 129
　　　（三）由我国驻蒙古国使领馆提供…………………………… 129
　　　（四）由研究中蒙两国法律制度的法学专家提供…………… 129

四、中蒙民商事司法协助机制不健全 ································· 130
　（一）司法文书送达难 ··· 131
　（二）调查取证难 ··· 132
　（三）跨国举证难 ··· 134
　（四）境外证据资格的审查认定难 ··································· 135
　（五）跨国执行难 ··· 136

第七章 "一带一路"倡议下健全中蒙边境贸易纠纷解决机制的路径 ································· 138

第一节 中蒙边境贸易纠纷非诉讼解决机制的完善 ··············· 139
一、中蒙边境贸易纠纷调解解决机制的完善 ······················· 139
　（一）磋商启动中蒙联合调解机制 ······························· 139
　（二）追加调解主体加强联合调解 ······························· 140
　（三）加强区域联合调解 ······································· 144
　（四）建立与基层组织的联动调解机制 ··························· 145
　（五）建立跨国纠纷异地调解机制 ······························· 146
二、中蒙边境贸易纠纷仲裁解决机制的完善 ······················· 147
　（一）建议设立中蒙边境贸易纠纷仲裁机构 ······················· 148
　（二）建立临时仲裁机构 ······································· 149

第二节 中蒙边境贸易纠纷诉讼解决机制的完善 ··················· 150
一、确立案件性质的认定标准 ····································· 151
二、统一法律适用标准 ··· 154
三、探索涉外认证新渠道 ··· 156
四、完善中蒙之间司法协助机制 ··································· 157
　（一）修订中蒙之间司法协助条约 ······························· 157
　（二）探索中蒙司法协助模式 ··································· 158
　（三）制定《地方司法协助法》 ································· 159

第三节 完善中蒙边境贸易纠纷解决机制配套制度 ··············· 160

一、完善边境贸易相关法律体系建设 160
　（一）加强边境贸易相关立法 160
　（二）完善边境贸易相关配套性法规 161
二、建立边境贸易企业法律风险防范机制 163
　（一）加强中蒙边境贸易双边合作机制 163
　（二）提高边境贸易企业的风险防范意识 163
　（三）中蒙边境贸易合同中选择适用中国法律 164
三、完善中蒙边境贸易纠纷司法服务保障机制 164
　（一）建立中蒙边境审判服务机制 164
　（二）建立中蒙边境司法事务协调机制 165
　（三）建立中蒙边境贸易司法实务专业交流机制 166
　（四）加强中蒙边境地区法律人才培养机制 167

结　语 169
参考文献 172
附　录 184

附录一：边境贸易纠纷解决机制选择问题调查问卷 184
附录二：Маргаан шийдвэрлэх сонгон шалгаруулах санал асуулга 187

第一章 导论

第一节 研究背景

一、我国与"一带一路"沿线国家边境贸易法律保障的需求

"一带一路"是我国在新的时代背景下首倡的一项新的构想，因此并无系统的现成经验可供借鉴。参与"一带一路"合作的国家分别有不同的法律制度，分属不同法系，国家文化、宗教信仰多样，政治结构也互不相同，这也决定了各国有各自的竞争优势和利益需求。另外，因为参与"一带一路"合作的国家的多样性，经济贸易和文化交流等合作领域的广泛性以及国内、国际环境的复杂性进一步放大了不同利益、观念和规范都会影响国际合作机制的建立和维持，从而使我国在"一带一路"倡议的实施过程中可能会面临诸多领域的挑战。如何应对这些挑战、切实推进"一带一路"建设将是一个系统性工程，需要多主体的参与、多维度的谋划和多学科的知识资源。因此，在我国与沿线国家之间信息不对称、资源不平衡、规范具有差异性的情况下，边境贸易合作交往过程中必会引起边境贸易双方的利益冲突，所以我们在建立与参与"一带一路"合作国家之间的边境贸易纠纷解决机制时需要追踪、了解每一个国家及其边境贸易利益群体的需求，如何解决这些边境贸易纠纷，对维护参与"一带一路"合作国家社会的稳定与秩序有着重要的意义。"一带一路"在面临沿线国家边境贸易的众多跨国界、跨领域的合作问题时，需要消除或缓解合作各国的当事人在利益、认知和规范等方面的不确定性，尤其需要边境贸易争端相应的纠纷解决法律制度的引领、推动和保障。

二、中蒙边境民族地区区域发展的现实需求

本书选取的实证调研的对象——内蒙古自治区位于中国北部边疆，是我国5个少数民族自治区之一，总面积118.3万平方公里，南北之间距离1700公里，东西直线跨度2400公里，占全国总面积的12.3%。内蒙古地形狭长，横跨我国东北地区、华北地区和西北地区，北与蒙古国和俄罗斯相邻，并与长达4261公里的边境线和独特的天然地理位置使内蒙古在向北开放战略中处于重要的地位。内蒙古现有对外开放口岸19个，分布在内蒙古边境12个旗（县市）以及呼和浩特市和呼伦贝尔市。其中对俄罗斯开放的有6个口岸，与蒙古国有13个对接口岸（包括8个公路口岸、1个铁路口岸、1个水运口岸和3个国际航空口岸）。因此，内蒙古自治区与中蒙边境贸易发展有着得天独厚的地理条件。在中蒙两国又共同存在跨界而居的蒙古民族，这使得在日益频繁的边境贸易交往中逐渐增多的边境贸易纠纷能否公平、合理、有效地解决对我国北部边疆地区的稳定与发展具有重要的意义，否则在中蒙两国边界地带很容易受到周边地缘政治、跨界民族和外部势力的影响。作为中蒙边境地区枢纽地带的内蒙古自治区，除去一般的民族自治地方的功能，还包含了特有的中国北部边疆防御职能，也是中蒙两国边境贸易发展的经济枢纽、军事要塞和民族文化交流窗口等功能。所以内蒙古自治区要充分发挥北部边疆地区地缘优势和特有的功能，顺应习近平总书记提出的"一带一路"倡议转化为强劲的发展动力，推动东中西部协调发展，才能实现内蒙古的区域发展和边境地区的和谐稳定。

中蒙边境贸易纠纷的有效解决，将有利于加快中蒙两国政治、经济合作、文化交流和边境贸易的发展，推进中俄蒙经济走廊建设，甚至可以带动整个欧亚大陆发展。因此，笔者认为充分发挥中蒙边境地区地缘优势，推进西部大开发和对中俄蒙经济走廊建设提出针对性的意见和建议，是作为西部边境民族地区学者们共同的责任和义务。笔者作为边境民族地区的少数民族学者，结合中蒙边境民族地区的发展和中蒙两国国情，利用自身的优势在中蒙边境口岸地区进行实地调研，直接深入中蒙边境13个口岸所在地的政府口岸办公室、国际贸易促进会、工商局、海关、边检站、司法局、商务局、

地方支柱企业和人民法院,采取专题座谈与实地考察的方式,对中蒙边境贸易纠纷的特点和产生原因进行深入细致的了解,真正体会到了中蒙边境民族地区边境贸易纠纷解决对两国跨界民族之间的经济贸易合作和文化交流的重要性与维护边疆地区民族团结、社会稳定的意义。

第二节 问题的提出、研究目的和研究意义

一、问题的提出

在"一带一路"倡议背景下,经济全球化、区域经济一体化进程不断加快,地处中蒙边境枢纽地带的内蒙古自治区在中蒙边境贸易和区域协调发展中的地位和作用逐步增强。随着中蒙双边边境贸易的发展,中蒙两国毗邻地区,即国境线两侧的跨界民族利益分化复杂、边境贸易交往密切、类型多样化的边境贸易法律纠纷逐渐上升,诉讼固然是解决这些中蒙边境贸易纠纷的重要手段,但仅有诉讼解决机制是远远不够的。本书的研究紧紧围绕"一带一路"倡议和中蒙边境地区区域发展的需求出发,对中蒙边境贸易纠纷解决机制的健全问题开展专题研究,一方面对中蒙边境主要口岸(甘其毛都口岸、二连浩特口岸和策克口岸等)贸易的发展状况与中蒙边境贸易纠纷特有的跨界民族性与跨国地域性的属性进行分析和调查研究,认识和揭示不断变化的中蒙边境贸易纠纷的主体复杂化、类型多元化、解决方式单一化等特点的同时,结合实证研究和问卷调查对中蒙边境贸易纠纷现行解决机制的运行现状和存在的问题逐一分析,以达到对中蒙边境贸易纠纷现行解决机制的正确认识和判断;另一方面对中蒙两国边境贸易相关立法规定的现状和中蒙双边协定及国际法的规定相结合,针对性地提出在"一带一路"倡议下健全中蒙边境贸易纠纷解决机制的具体对策和建议,探寻其未来发展趋势,为我国

与参与"一带一路"合作的国家之间的边境贸易纠纷解决机制的完善提供理性参考和借鉴。

二、研究目的

（一）本书拟通过突出中蒙两国边境贸易相关立法、司法方面获得的成就和经验进行全面评析，结合民族学、社会学、民族法学、诉讼法学、国际私法学的理论试图创新中蒙边境贸易法律保障机制，对内蒙古自治区的区域发展和国家边疆治理法治化的推进起到决策指导作用。

（二）本书还试图借鉴国际民事司法协助的理论与实践，建立国际化中蒙边境贸易法律保障机制的同时，为中国与其他周边国家边境贸易法律保障机制的构建和边境地区的法治建设提供可选择的方案。

三、研究意义

本书的主要观点是围绕党的二十大报告提出的，在法治轨道上全面建设社会主义现代化国家的指引下，对中蒙边境贸易纠纷的解决以法律解决为主旋律，以民族学、法社会学的视角分析中蒙边境贸易纠纷的特殊性与现行解决机制存在的问题，在"一带一路"倡议下中蒙边境贸易纠纷解决机制的完善思路上，形成了与当前的多元纠纷解决机制和大调解机制不同的选择思路，为中蒙两国联合调解、临时仲裁、司法协助等与国际接轨的中蒙边境贸易纠纷解决机制的健全提出建设性的方案，对中蒙边境贸易纠纷进行科学疏导，合理、合法、有效解决中蒙边境贸易纠纷，有助于中蒙两国跨界民族之间的经济贸易合作与文化交流及对边疆地区民族团结、社会稳定具有重要的意义。

（一）理论意义

1.为参与"一带一路"合作的国家边境贸易争端解决机制的构建提供理论上的选择和参考

随着"一带一路"倡议的实施与沿线国家边境贸易的发展，跨界边境民族地区边境贸易纠纷类型复杂、各类边境贸易纠纷迅速增多，这对"一带一路"倡议的实施带来了新的挑战。本书对中蒙边境贸易纠纷解决机制的研究具有系统性和突破性,针对中蒙边境贸易纠纷的特点和中蒙两国国情,提出了"一带一路"倡议下健全中蒙边境贸易纠纷解决机制的设想,本书的研究可以为中国与参与"一带一路"合作的国家边境贸易纠纷解决机制的构建提供理论上的选择和参考。

2.拓宽边疆治理的理论视角

本书尝试构建基于边境区域主义的多元治理模式,对中蒙边境贸易纠纷的解决现状与存在的问题进行实证分析,收集了大量与边境贸易发展状况相关的数据、边境贸易纠纷典型案例及和边境地区相关部门的访谈资料等,可以为法社会学提供丰富的实证材料的同时提出如何解决边境贸易纠纷的具体建议,将有助于丰富边疆治理的理论视角,有利于维护边境民族地区和谐稳定,有助于我国边疆治理的法治能力的建设与提升。

(二)现实意义

1.为"一带一路"倡议的实施提供法律保障

参与"一带一路"合作的国家之间产生众多跨国界、跨领域的边境贸易合作问题时,需要消除或缓解参与合作各方在利益、认知和规范等方面的不确定性,尤其需要相应的边境贸易纠纷解决法律制度的引领、推动和保障。本书为中蒙跨界民族之间展开的经济贸易合作与文化交流奠定一定基础的同时顺应习近平总书记提出的"一带一路"倡议,对于促进中蒙两国及其他沿线国家边境贸易的发展和合作交流,推进经济全球化和"一带一路"从构想向现实转化具有深远的指导意义和应用价值。

2.对中蒙边境贸易法律制度的完善提供重要的决策指导

本书在党的二十大提出的坚持全面依法治国、推进法治中国建设的指引下,通过理论结合实践,分析中蒙边境贸易纠纷解决现状与存在的问题,通过搜集大量的中蒙边境贸易纠纷原始案例与数据进行实证研究,针对性地提出"一带一路"倡议下如何健全中蒙边境贸易纠纷解决机制的具体对策,创新求实,在国际公约、双边条约、区域协定的框架下不断地完善中蒙边境贸易法律制度的建议。

3.促进中蒙边境贸易的健康发展和维护我国边境地区和谐稳定

边境贸易是我国对外贸易的重要组成部分。随着"一带一路"倡议的实施,我国与参与"一带一路"合作的各国之间边境贸易的发展受到广泛的关注,由于中蒙两国特殊的地缘优势,中蒙边境贸易占有非常重要的地位。蒙古国与我国内蒙古自治区接壤,地理位置独特,地缘优势十分明显。本书以内蒙古自治区边境口岸为调研对象,对中蒙边境地区的原始案例为样本,结合中蒙边境贸易纠纷的特点和中蒙两国国情,提出了新形势下对中蒙边境贸易纠纷非诉讼解决机制进行创新、完善民事诉讼解决机制的具体建议。

本书的研究对边境贸易纠纷进行科学疏导,合理、合法地解决边境贸易纠纷,把大多数中蒙边境贸易纠纷化解在萌芽状态中,有助于中蒙边境贸易的健康发展和维护中蒙边境地区的稳定及"和谐周边"环境具有重要的意义。

第三节　研究内容与基本思路

一、研究内容

本书立足于当前中蒙边境贸易发展现状,基于中蒙边境贸易纠纷具体类型与产生原因分析,对现行中蒙边境贸易纠纷解决机制在边境贸易纠纷解决实践运行中存在的问题进行梳理和总结,深入剖析现行中蒙边境贸易纠纷非诉讼解决机制和诉讼解决机制的困境与问题,并在此基础上对中蒙边境贸易纠纷解决机制的完善提出建议。

第一部分从中蒙边境贸易的规模、增速、商品结构、发展特点等角度总结中蒙两边境贸易发展现状,同时提出在"一带一路"倡议实施过程中中蒙边境贸易发展受中蒙双边关系的影响、政策法律的不稳定、贸易秩序的混乱、基础设施的不完善等现实问题,正因为这些问题的存在对中蒙边境贸易纠纷的产生留下了潜在隐患。

第二部分结合中蒙两国现行法律制度和已有的案例资料以及调查研究，对中蒙边境贸易纠纷逐年增多、主体复杂化、类型多元化、解决方式单一化等特点进行一一分析，进而从中蒙两国边境贸易秩序的不规范、蒙古国对中国贸易政策壁垒、蒙古国法律制度的不健全、中国从事边境贸易企业管理机制不完善、中蒙文化差异和冲突等中蒙边境贸易纠纷产生原因做了全面分析，为研究中蒙边境贸易纠纷解决机制的健全提供了现实基础。

第三部分对我国与蒙古国中蒙边境贸易纠纷现行解决机制的类型和运行情况分别论述，其中重点分析中蒙边境贸易纠纷协商解决机制、调解解决机制、仲裁解决机制、民事诉讼解决机制在解决中蒙边境贸易纠纷时所体现出的优势与运行状况做比较详细分析。并通过整理和解读大量的蒙古国边境贸易纠纷解决的相关法律法规，对我国现行中蒙边境贸易纠纷解决机制与蒙古国中蒙边境贸易纠纷解决机制的运行情况进行比较评析，指出中蒙两国由于政治制度、经济政策、对外关系与司法体制的差异，解决中蒙边境贸易纠纷的方式也不尽相同，中蒙两国边境贸易纠纷现行解决机制各显优势和存在不同的问题。

第四部分对我国中蒙边境贸易纠纷解决机制存在的问题进行具体分析，首先提出非诉讼解决机制存在的调解协议对纠纷当事人不具有约束力、没有期限限制、仲裁裁决的执行力不够、临时仲裁的缺失等问题，然后对边境贸易纠纷民事诉讼解决机制存在的边境贸易纠纷案件性质认定难、法律适用复杂和民事司法协助不健全等诸多问题进行一一分析，提出顺应"一带一路"倡议要求健全中蒙边境贸易纠纷解决机制的现实需求和理论研究的必要性。

第五部分以具体案例分析的形式创建性地提出中蒙边境贸易纠纷解决机制的健全和完善的具体建议，如磋商启动中蒙联合调解机制、追加边境贸易纠纷调解主体加强区域联合调解、跨国边境贸易纠纷异地调解机制的建立和中蒙边境临时仲裁机构的建立等非诉讼解决机制的创新思路和中蒙边境贸易纠纷诉讼解决过程中确定中蒙边境贸易纠纷案件的认定标准、统一法律适用标准、设立中蒙边境巡回法庭等具体建议的同时，在中蒙边境地区民间和地方实践中探索中蒙司法协助模式，为进一步完善中蒙两国司法协助机制，探索与国际接轨的中蒙边境贸易纠纷解决机制的建立提出了具体建议和路径，从而达到中蒙边境贸易的健康发展和为边境民族地区的稳定和谐发展提供强有力法律保障的目的。

二、基本思路

（一）对相关史料的整体把握和深度分析问题。对中蒙、中俄边境贸易的发展历史系统的规整，在"一带一路"倡议下对中蒙、中俄边境贸易的发展现状与面临的现实问题进行深度分析。

（二）对中、蒙、俄现行边境贸易争端解决机制进行比较研究。对中蒙俄边境贸易争端的特点和产生原因进行大量的实证调查研究的基础上，对中、蒙、俄现行边境贸易争端解决机制进行系统对比，找出差异。

（三）提出中蒙俄边境贸易争端解决机制存在的问题。在对中、蒙、俄现行边境贸易争端解决机制比较评析的基础上，运用大量具体案例和问卷调查的原始数据，提出各国现行边境贸易争端解决机制存在的具体问题。

（四）提出中蒙俄边境贸易争端解决机制创新措施。以具体案例分析的形式创建性地提出创新中蒙俄边境贸易争端解决机制的路径，探索与国际接轨的国际调解和国际仲裁机制、国际司法协助机制的创建，为参与"一带一路"合作的国家之间边境贸易争端解决机制的构建提供理性参考和借鉴。

第四节 研究方法及创新和不足之处

一、研究的方法

（一）文献分析法

中蒙边境贸易纠纷解决问题是一个跨学科交叉的边缘课题，广泛查阅关于纠纷解决机制的理论与实践研究专著、论文等多方面文献，中蒙边境贸易纠纷属于涉外纠纷，纠纷的解决不仅仅依赖国内法，还涉及蒙古国诸多相关的法律法规和中蒙两国合作协议和双边协定等相关文献。因此，在本论文的写作过程中查阅了《Монгол улсынндсэ нхууль》(《蒙古国宪法》)、《Монгол улсын иргэний хууль》(《蒙古国民法》)、《Монгол улсын ИХШХШХ хууль》(《蒙古国民事诉讼法》)、《Монгол улсыншхийнт хууль》(《蒙古国法院组织法》)、《Монгол улсын хдлмрийн хууль》(《蒙古国劳动法》)、《Монгол улсынпрокурорын хууль》(《蒙古国检察院组织法》)、《Монгол улсын захиргааныхянаншийдвэрлэх хууль》(《蒙古国行政诉讼法》)、《Монгол улсын арбитрынтухай хууль》(《蒙古国仲裁法》)、《Монгол улсыншхийнхянанши йдвэргйцэдгээхтухай хууль》(《蒙古国法院判决执行法》)、《蒙古国外国公民法律地位法》、《蒙古国劳务输出与劳务技术人员输入法》、《蒙古国自由区法》等法典和《Иргэнийхэрэгшхэдхянаншийдвэрлэхэрхзй Ерихийанги》(《民事诉讼法总论》)、《Иргэнийхэрэгшхэдхянанший двэрлэххуулийн дэлгэрэн гйтайлбар Монгол улсындээдшх》(《民事诉讼法解释蒙古国最高法院编制》)、《Монголын үндэсний Арбитрын шийдвэрлэрлэсэн хэргийн эмхтгэл》《(2006—2011年蒙古国仲裁裁决案件的统计》)、《Эрхзйнонол》(《法理学》)、《Иргэнийхэрэгшхэдхянаншийдвэ рлэххуулийн хэрг жилтонолпрактик》(《民

事诉讼法实施的理论和实践》）等相关著作。实地调研必须与文献分析相结合才能达到本论文的研究目的。

（二）案例分析方法

1880年，由哈佛大学开发完成的案例分析法（Case Analysis Method），又称为个案研究法。现在普遍使用于各个研究和教学领域。为能够充分吸收中蒙边境地区口岸法院较为成熟的司法审判经验，本论文的研究成果中，借鉴阿拉善盟中级人民法院的中蒙两国劳务合同案例、二连浩特市人民法院中蒙边境贸易纠纷审判案例和乌拉特中旗人民法院中蒙边境贸易纠纷的审判案例等民事诉讼解决中蒙边境贸易纠纷的审判案例和其他调解、解决中蒙边境贸易纠纷典型的案例，借以论证中蒙边境贸易纠纷现行解决机制存在的相关问题。

（三）实地（田野）调查的方法

实地调查方法是指应用客观的态度和科学的方法，对某种社会现象，在确定的范围内进行实地考察，并搜集大量资料进行统计分析，从而探讨社会现象。实地调查的目的不仅在于发现事实，还在于将调查经过系统设计和理论探讨，并形成假设，再利用科学方法到实地验证，并形成新的推论或假说。本书运用对中蒙边境口岸边境贸易纠纷解决机制运行现状与存在的问题进行问卷调查和结构性访谈的方式进行了实地调查。

1.调查点和问卷调查的说明

本书开题后，通过近两年的时间，采用直接和间接的调查方法，对内蒙古自治区中蒙边境开放口岸所在地12个旗（县市）口岸所在地的政府部门和边境贸易经营者进行走访调查，其中重点调查的是内蒙古自治区二连浩特市、阿尔山市、甘其毛都镇、额济纳旗策克口岸和东乌珠穆沁旗珠恩嘎达布其口岸。在中蒙边境贸易口岸所在地的12个旗（县市）中，满洲里市和二连浩特市已被国家列为沿边开放城市，在内蒙古的边境贸易活动中占有重要地位。本书在选择实地调查点的时候，根据各个口岸所在地乡镇居住的不同民族的分布结构，选择了几个比较典型的不同民族聚住的口岸乡镇，以便有不同的中蒙边境贸易纠纷类型和参数进行比较研究。

问卷调查上，主要集中在中蒙三大陆路口岸二连浩特口岸、甘其毛都口岸、额济纳旗策克口岸和蒙古国对应的扎门乌德、嘎顺苏海图、西伯库伦口岸为调查对象，采用30—50份为基数的调查。在问卷调查中，通过中文和蒙古国斯拉夫蒙文两种语言设置问题，分别对国内从事边境贸易经营的边民和企业负责人以及蒙古国从事中蒙边境贸易的边民和企业负责人发放问卷，让整个问卷获得的数据有合理的布局。问卷对象为中蒙两国边境地区从事边境贸易的边民和小微企业负责人，还对调查者的学历层次、是否居住在中蒙边境口岸所在地等问题进行调查。对学历层次和是否居住在中蒙边境口岸所在地情况的调查，主要目的是想了解学历层次和居住环境等因素是否影响到被调查者对中蒙边境贸易相关同一问题的理解。调查问卷在中国境内发放130份，收回来有效问卷129份（有一份没有选择国籍，所以无法确定而作废）。为了统计数据方便在蒙古国边境地区发放100份问卷，收回来有效问卷100份。这些问卷调查的数据分析以表格形式运用到了正文当中，问卷调查的具体内容附在本书第185—191页的附件里。

2.结构性访谈的内容

本书对中蒙边境贸易纠纷非诉讼解决机制的特点和诉讼解决机制存在的问题进行分析的时候运用了中蒙边境口岸相关部门负责人的结构性访谈，更进一步叙述了中蒙边境贸易纠纷现行解决机制存在的具体问题。

3.调研过程

本书开题后笔者多次深入内蒙古中蒙边境各个口岸（主要是珠恩嘎达布其、二连浩特、策克和甘其毛都等口岸）所在地的政府口岸办公室、国际贸易促进会、工商局、海关、边检站、司法局、商务局和人民法院，采取了专题座谈与实地考察的方式，对中蒙边境贸易纠纷解决的现状和存在的问题与口岸法院的审判工作进行了深入细致的调查了解，收集边境贸易相关案例。然后联系中蒙边境贸易纠纷的特点与现行解决机制存在的问题，结合边境贸易纠纷具体案例进行实证分析，提出如何创新和健全中蒙边境贸易纠纷解决机制的路径。

按照务实求真的原则，本人于2015年7月9日至10月12日、2016年6月13日至9月17日、2016年10月1日至12月3日、2016年12月5日至2017年1月25日分四次带着中蒙边境贸易纠纷解决相关的问题对甘其毛都口岸、二连浩特市口岸、东乌珠穆沁旗珠恩嘎达布其口岸和阿拉善盟额济纳旗策克等中蒙边境口岸建设及相关中蒙边境贸易纠纷解决问题进行了实地调研。通过实地调研了解了中蒙边境贸易纠纷的具体类型、产生的原因和口岸法院中蒙边境贸易纠纷案件的审判实务及执行难等问题,包括边境贸易纠纷案件的审判方式、审判模式、审判特点、典型案例、跨国调查取证难、跨国举证难和执行难等,同时走访了中蒙边境口岸所在地口岸办和地方支柱企业,了解中蒙两国口岸建设的情况、企业进出口情况和中蒙边境贸易纠纷的现状以及纠纷解决机制的运行状况,并与中蒙边境口岸职能部门座谈,包括铁路车站、贸促会、商务局、工商局、外经贸局、政府法制办、国检局、海关、边防检查站等,了解口岸所在地政府各职能部门在中蒙边境贸易纠纷解决中所发挥的作用,部门之间的协调互动作用,以及存在的问题。(详见表1-1)

表1-1 主要调研过程一览表

调研形式	时间	名称	调研对象	调研内容
甘其毛都、二连浩特、满洲里、策克口岸访谈与实地考察	2018年7月9日至2018年9月9日	涉外案件审判实务访谈	乌拉特中旗人民法院及甘其毛都口岸法庭	涉外案件的审判方式、审判模式、特点、典型案例及存在的问题,乌拉特中旗人民法院涉外审判工作的历史沿革、案件的主要类型、审判遇到的难点问题
	2018年9月10日至2018年10月12日	口岸建设的现状及存在的问题	乌拉特中旗口岸办	甘其毛都口岸的建设情况,存在的问题;口岸对地方经济发展的贡献
	2018年6月29日至2018年7月12日	涉外案件审判实务访谈	二连浩特市人民法院	涉外案件的审判方式、审判模式、特点、典型案例及存在的问题

续表

调研形式	时间	名称	调研对象	调研内容
	2018年7月13日至2018年9月9日	口岸建设中存在的问题	二连浩特市政府	二连浩特市的经济发展情况,口岸建设及存在的问题和纠纷解决的主要途径
	2018年9月10日至2018年9月29日	二连浩特企业进出口情况及发生纠纷寻求解决途径的访谈	二连浩特市泰高水泥有限责任公司 二连浩特市昊罡果蔬粮油进出口园区有限责任公司 二连浩特市环宇国际物流有限责任公司	了解蒙古国对水泥建材等的需求情况,公司的发展情况;果蔬粮油出口情况;企业对现行法律政策的评价及满意度。发生纠纷寻求解决的途径或办法。企业对现行法律政策的评价及满意度。发生纠纷寻求解决的途径或办法
	2018年10月1日至2018年10月17日	珠恩嘎达布其海关实地考察与调研	考察对象为珠恩嘎达布其海关	主要了解和感受珠恩嘎达布其海关的建设与发展的现状
	2018年10月17日至2018年10月23日	珠恩嘎达布其企业出口情况及发生纠纷寻求解决途径的座谈会	珠恩嘎达布其三发木业有限责任公司 珠恩嘎达布其伊力亚果品贸易有限公司	企业对现行法律政策的评价及满意度。发生纠纷寻求解决的途径或办法 主要了解企业对蒙古国现行法律政策的评价及满意度,发生纠纷寻求解决的途径或办法
	2018年10月24日至2018年11月25日	口岸建设相关案件审判执行疑难问题司法调研会	东乌珠穆沁旗人民法院	东乌珠穆沁旗人民法院涉外案件审判中存在的问题研讨

续表

调研形式	时间	名称	调研对象	调研内容
	2018年11月26日至2018年12月3日	口岸建设及相关中蒙、中蒙边境贸易纠纷解决存在的问题走访、调研	东乌珠穆沁旗口岸办、工商局、经信局、外经贸局、海关、边防检查站、企业、司法局等	了解各职能部门在口岸建设和发展中所发挥的作用，部门之间的协调互动作用，以及存在的问题
	2018年12月5日至2019年1月25日	策克口岸发展现状及纠纷解决方法探析座谈会、实地考察、走访	策克口岸管委会、额济纳旗法院、庆华、星辰民营企业等	主要了解策克口岸的发展现状及存在的问题，额济纳旗法院涉外案件审判中存在的问题以及中蒙边境贸易纠纷当事人解决纠纷的方式及存在的问题

（四）比较分析法

本书通过对中蒙两国边境贸易纠纷现行解决机制的具体类型与运行情况采用问卷调查和原始案例进行比较分析，获得了定量的中蒙边境贸易纠纷解决选择问题上的原始数据，并在对这些边境贸易相关的数据进行定量分析的基础上，对中蒙边境贸易相关问题采取了定性分析的方法。然后对中蒙两国边境贸易现行解决机制的比较研究，从法律的视角阐述目前中蒙两国边境贸易纠纷解决机制现状与存在的问题，使本书有别于单纯的定性分析。并以社会学为视角，综合运用法学、民族学、人类学等多学科理论和方法，对中蒙边境贸易纠纷具体案例分析的形式，创建性地提出中蒙两国边境贸易纠纷解决机制的完善路径，为今后本书相关问题的研究提供了研究分析上的新视角。

二、创新和不足之处

（一）研究的创新之处

1.本书在选题上，紧紧围绕和协调推进"一带一路"倡议，对中蒙边境民族地区区域发展思路设立的前瞻性研究，本书对中蒙边境贸易纠纷解决机制的研究具有开创性、系统性和突破性，使中国与参与"一带一路"合作的国家边境贸易纠纷解决机制的研究有了新内容，丰富了参与"一带一路"合作的国家边境贸易纠纷解决相关机制在学术上的创新。本人通过中国知网进行查询发现，在此之前还没有学者专门就中蒙边境贸易纠纷解决机制问题进行系统性研究。

2.本书在学术观点上，紧紧围绕党的二十大报告提出的在法治轨道上全面建设社会主义现代化国家的指引下，对中蒙边境贸易纠纷的解决以法律解决为主旋律，以民族学、法社会学的视角分析中蒙边境贸易纠纷的特殊性与现行解决机制存在的问题，在"一带一路"倡议下中蒙边境贸易纠纷解决机制的完善思路上，形成了与当前的多元纠纷解决机制和大调解机制不同的选择思路。本书立足于中蒙边境地区的实际情况和中蒙边境贸易纠纷跨界民族性和跨地域性的特点，分析中蒙边境贸易纠纷现行解决机制的运行情况，为中蒙两国联合调解、临时仲裁、司法协助等与国际接轨的中蒙边境贸易纠纷解决机制的健全提出建设性的方案，为我国与其他周边国家边境地区边境贸易纠纷解决机制的构建和边境地区的法治建设提供可选择的方案。

一方面，随着中蒙两国双边边境贸易关系的发展，中蒙边境贸易往来日益频繁，中蒙边境贸易纠纷也随之大量产生，这些边境贸易纠纷如果不能得到快速、合理、有效的解决，将会影响中蒙边境贸易的进一步发展和我国边境地区周边的和谐稳定。目前，我国中蒙边境贸易纠纷解决的主要途径有：协商、谈判、调解、仲裁、诉讼等。因此本书通过对中蒙边境地区口岸所在地进行实地调研的基础上逐一分析了中蒙边境贸易纠纷产生的政治、法律和经济原因，并结合中蒙边境贸易纠纷特有的跨界民族性、跨地域性的特点与相关典型案例和问卷调查的数据，提出了目前中蒙边境贸易纠纷非诉讼解决机制（协商、调解和仲裁）和诉讼解决机制存在的具体问题。

另一方面，针对上述问题提出在"一带一路"倡议实施过程中如何适应中国发展现状的中蒙边境贸易纠纷解决机制的完善措施，如对中蒙边境贸易纠纷调解解决机制进行创新，磋商启动中蒙两国联合调解机制、加强区际联合调解、建立跨界纠纷异地调解机制等被外界称之为"东方经验"的进一步推广和创新，并根据《纽约公约》设立中蒙边境贸易纠纷临时仲裁机构，完善我国中蒙边境贸易纠纷仲裁解决机制，同时在中蒙边境贸易纠纷诉讼解决过程中确立案件性质的认定标准、依法行使司法管辖权、修订中蒙两国司法协助条约，能动解决中蒙两国边境贸易法律冲突、拓展两国区际司法协助内容等完善中蒙边境贸易纠纷诉讼解决机制的建议和措施。本书的研究对中蒙边境贸易纠纷的科学疏导，合理、合法、有效地解决中蒙边境贸易纠纷，中蒙两国跨界民族之间的经济贸易合作与文化交流及边疆地区民族团结、社会稳定等都具有重要的意义。

3.本书在研究材料上的创新，本书对当前中蒙边境贸易纠纷现状进行了大量的调查，收集到很多第一手材料，特别是蒙古国边境贸易相关法律法规的整理和收集以及对中蒙两国边境贸易当事人进行纠纷解决运行情况的问卷调查数据，给学术界研究中蒙边境贸易纠纷的特点、中蒙边境贸易纠纷现行解决机制的运行情况、中蒙边境贸易纠纷当事人对现行纠纷解决机制的认可度等问题提供了真实丰富的材料。

4.本书在研究方法上的创新，综合运用民族学、人类学、社会学、国际法学等多学科的理论和方法，结合文献分析和实地（田野）调查的方法，对中蒙边境多个口岸进行了实地走访和调查收集了大量的相关案例和数据，本书对中蒙边境贸易额、进出口货运量、客运量的统计上使用了大量的图表，对中蒙边境贸易纠纷的类型和案件数量的统计分析运用了原始数据和丰富的原始个案，分析中蒙两国边境贸易纠纷形成的特点和现状，让本书的研究具有突出的特色。本书还采用了问卷调查的方法，获得了定量的中蒙边境贸易纠纷解决选择问题上的原始数据，通过对这些数据进行定量分析的基础上又采用了定性分析方法，通过对中蒙两国边境贸易法律制度的比较研究，从法社会学视角阐述目前中蒙两国边境贸易纠纷解决机制的现状与存在的问题，使本书有别于单纯的定性分析，对中蒙边境贸易纠纷解决机制的研究及其他参与"一带一路"合作的国家边境贸易纠纷解决机制的构建提供了研究分析上的新视角和新方法。

(二)不足或需要进一步探讨的问题

1.理论准备上的不足。一般而言,针对某一个民族或者某一个地区的纠纷解决机制的研究相对集中,如果涉及两个国家跨界民族的边境贸易纠纷解决机制的研究,则需要相当深的法学理论的功底与多视角、多学科的研究经验。虽然阅读了一些相关的著作与论文,但感觉还是缺乏对开展研究必备的理论储备和相应的知识基础。为此,需要阅读大量的文献资料和理论书籍,对相关问题还需进行深入的分析和思考。

2.在经济全球化的背景下,各国边境贸易逐渐频繁、边境贸易纠纷日益增加,牵涉到不同国籍的人、国际资本和国际商品及国际贸易交往活动等元素在内的边境贸易纠纷,在人们当下日常生活中出现的比例越来越高,双边边境贸易纠纷的解决在边境地区间占据非常重要的地位。在目前的情况下,应当说中蒙边境地区法治环境的建设还有漫长的道路要走。这就需要我们在意识上提高认识,在理论上加强研究,在具体的制度建设上积极地建构。对中蒙边境贸易纠纷现行解决机制所存在的问题,我们需要在边境贸易纠纷的理论研究和司法实践中不断进行探索。加强非诉讼解决机制的创新和司法协助机制的完善,才能维护边境贸易双方当事人合法权益或边境地区的稳定和发展。本书针对中蒙边境贸易纠纷的解决提出签订区域合作、次区域合作的国际法国内化的建议,但是需要进一步的法理学的探析和理论论证。

第二章 文献综述与理论基础
第一节 文献综述

一、国外相关研究动态

（一）关于纠纷解决机制的国外研究动态

关于纠纷解决机制方面世界各国都设置了调解、仲裁、诉讼等类型基本相同的纠纷解决机制。不过，各国又立足本国的历史、文化传统和经济社会的发展，根据本国的具体国情设立了具有本国特色的纠纷解决机制，使得法律资源得到了充分的利用。

由于笔者目前所搜集到的外文文献资料的限制，对国外研究纠纷解决机制的相关研究动态做出全面的概括较为困难，所以在此仅就目前笔者所能收集或掌握的外文文献资料做一些介绍。目前，美国、英国、澳大利亚和日本等国家对纠纷解决机制的研究较为系统和全面。

（美国）斯蒂芬·B.戈尔德堡（Stephen B.Goldberg）、弗兰克 E.A.桑德（Frank E.A.Sander）、南茜·H.罗杰斯（Nancy H.Rogers）等人所著的《Dispute Resolution: Negotiation, Mediation and Other Processes》（纠纷解决：谈判·调解和其他机制），对美国主要的解决纠纷机制——谈判、调解、仲裁以及以这些纠纷解决机制的相互混合的变换方式等进行了实质性的考察。

（英国）西蒙·罗伯茨（Simon Roberts）、彭文浩（Michael Palmer）所著的《Dispute Processes: ADR and the Primary Forms of Decision_Making》（纠纷

解决过程：ADR与形成决定的主要形式），本著作广泛地考察了形成决定的主要形式——协商、调解和裁决。本书引用并分析了大量关于纠纷解决过程和与民事司法有关的研究材料，而不是局限于这些替代性纠纷解决机制的产生。作者认为，协商、调解和其他各种替代性纠纷解决机制，并非是取代了传统的诉讼和审判模式，而只是增加了纠纷解决的途径，提出了民事纠纷解决的宏大的比较性视角，重点是为我们研究纠纷解决提供了一种范式。

日本的小岛武司和伊藤真所著的《诉讼外纠纷解决法》，是以日本的诉讼外纠纷的解决方法为视角进行研讨和研究的。全书共分六章内容，分别论述了诉讼外纠纷解决制度、诉讼外纠纷解决方式和程序法、各种纠纷处理机构的现状与课题、AOR程序的问题点、各类案件类型与纠纷处理、诉讼与诉讼外纠纷解决方式的相关理论等内容。本书不仅给我们提供了日本审判外纠纷解决途径（ADR）的介绍，也为我们纠纷解决机制的研究提供了新的视角。

（美国）詹姆斯·E.麦圭尔（James·E.McGuire）等人所著的《Building a Common Language：Mediation&ADR in the US》（《和为贵：美国调解与替代诉讼纠纷解决方案》），指出世界上没有"一通百通"的替代诉讼纠纷解决方案或方式，任何纠纷的和解，不但受到国家法律制度和社会结构的影响，也涉及本国传统文化、历史背景和社会价值。（澳大利亚）娜嘉·亚历山大（Nadja Alexander）所著的《Global trends in Mediation》（《全球调解趋势》）中作者试图从国际及比较法层面为人们提供调解制度这一法学新领域中的灵感，激发人们的学术追求。该著作在国际范围内提升了人们对全球调解制度的关注，拓展了人们对有关正义、司法与纠纷解决研究的视野。

这些外文文献著作，从纠纷解决机制的理论和实践两个层面介绍美国、英国和日本等国家的域外纠纷解决机制的同时对全球替代性纠纷解决机制的产生基础、社会影响和相关理论进行了系统地研究。但是，由于这些国家无论是文化传统、社会结构、边境地区分布、经济社会的发展都与我国国情存在极大差异，所以国外纠纷解决机制的研究都没有明确的"边境贸易纠纷解决机制"问题研究。国外对纠纷解决较为先进的研究成果主要集中在"纠纷解决机制"的研究，先进的研究和立法成果对本书"中蒙边境贸易纠纷解决机制"的研究，有着积极的参考作用。

（二）关于中蒙边境贸易的国外研究动态

在蒙古国学者中，对中蒙边境贸易问题较深入研究的，（蒙古国）斯琴巴特尔的《蒙中经贸发展现状、问题与对策》一书中比较系统地分析了中蒙两国经济贸易问题，提出中蒙双边经济贸易关系的发展要跨越政府间的贸易协定，中蒙两国边境贸易要扩大与优化贸易范围、贸易结构才能取得进一步的发展。他对中蒙经济贸易关系的研究对于我们研究中蒙边境贸易的现状与发展有一定参考价值。

（蒙古国）巴图其其格发表的"蒙古国与周边国家合作关系"一文研究了蒙古国与中国之间的贸易关系现状及当今世界发展区域经济合作的重要性。

（蒙古国）巴特尔的《全球化时代蒙古国对外经济关系》与（蒙古国）恩和宝乐德、布和巴图的《蒙古国外交关系蓝皮书2006》等作品对经济全球化的背景下，蒙古国对外政策和外交关系的变化，以及蒙古国与中国经济贸易发展历程和现状进行概括，并且进一步分析了影响蒙中两国经济贸易关系发展的蒙古国国内因素和国际形势，对蒙古国与中国的发展前景等内容进行了详细论述。

（美国）约翰·L.辛普森教授在"从共产主义到资本主义的蒙古：七年国际贸易的历程"一文中指出了中国的改革开放与蒙古国的经济转型，对蒙古国国际贸易和边境贸易方面所造成的影响。

对于中蒙边境贸易问题的研究，国外的学者一般是从中蒙两国的关系、经济贸易的发展、国家政策等多个维度来进行阐释，这些国外中蒙边境贸易的研究为本书的研究提供了可参考的文献材料与新的研究空间。

二、国内研究动态

（一）关于纠纷解决机制的研究

在党的十八届四中全会通过的《中共中央关于全面推进依法治国若干重大问题的决定》，提出了建设中国特色社会主义法治体系，要健全社会矛盾纠纷预防化解机制，完善社会纠纷的调解、仲裁、行政裁决、行政复议、诉讼等机制的有机衔接，构建各种纠纷解决机制之间相互协调的多元化纠纷解决机制。2022年最高人民法院发布《人民法院一站式多元纠纷解决和诉讼服务体系建设（2019—2021）》，全方面展现习近平法治思想领航中国特色司法为民之路阔步向前，充分发挥了人民法院在建设多元化纠纷解决机制中的带头作用，并将如何构建诉讼与调解、仲裁和公正机构等相互对接的多元化纠纷解决机制，推动多元化纠纷解决机制的国际化发展和有效解决日趋复杂的社会纠纷成为法学界关注的新焦点。

国内法学界的现有研究主要集中在多元纠纷解决机制的一般理论和汉族社会建设问题上，如范愉的《多元化纠纷解决机制》《纠纷解决的理论与实践》《非诉讼纠纷解决机制研究》等著作包含了纠纷解决理论，对世界各国纠纷解决机制的发展及其趋势进行比较分析，还对中国的纠纷解决机制的运行情况进行大量的实证研究，提出了系统的纠纷解决理论与实践体系。

也有学者对汉族农村地区的纠纷解决机制进行相应的研究，如赵旭东主编的《权力与公正——乡土社会的纠纷解决与权威多元》，王铭铭、王斯福所编的《乡村社会的公正、权威与秩序》，汪庆华、应星主编的《中国基层行政争议解决机制的经验研究》等作品从法社会学的视角，对中国农村地区纠纷解决的现状进行大量的实证研究的基础上，提出了乡土社会纠纷解决的理论与纠纷解决机制的多元需求。

这些著作和社会纠纷解决机制的相关研究，为我们构建新时期多元化纠纷解决机制奠定了法学理论上的基础，但是中国是一个多民族国家，少数民族地区的社会传统和发展水平与汉族地区存在差异，所以针对边疆民族地区的社会纠纷解决机制进行专题研究具有非常重要的意义。

近几年有少数学者积极开拓，对西南民族地区新时期的多元纠纷解决机制的构建进行相关研究，如胡兴东的《西南民族地区纠纷解决机制研究》一书以西南地区代表性的少数民族聚居乡镇和村寨为主要调查点，详细分析出当前我国西南民族地区纠纷解决机制存在的诸多现实问题。在大量实证研究和调查问卷的基础上，提出构建新时期西南民族地区纠纷解决机制应遵循的基本原则、路径和具体措施。作者对我国西南民族地区纠纷解决机制的运行现状与存在问题进行实证研究的方法和问卷调查的分析方法对本书的研究提供了研究方法的具体视角。

李剑主编的《凉山彝族纠纷解决方式研究》、方慧主编的《少数民族地区习俗与法律的调适——以云南省金平苗族瑶族傣族自治县为中心的案例研究》和张邦铺主编的《凉山地区多元化纠纷解决机制研究》等著作和朱艳瑛的《西南民族地区纠纷解决机制变迁研究》、徐晓光的《黔东南苗族村寨"田边地角"的土地纠纷及其解决途径》等学术期刊论文，针对我国西南民族地区不同少数民族聚居地的多元化纠纷解决机制进行研究的同时注重少数民族习惯法与国家法的冲突和调适的问题。

只有少数学者在研究西北部民族地区的民族习惯与纠纷解决机制，如张文香的《蒙古族习惯法与多元纠纷解决机制——基于鄂尔多斯地区的考察》、刘桂琴的《内蒙古地区民商事纠纷与解决研究——以蒙古族聚居和蒙汉杂居的地域为视角》、萨其荣桂的《蒙古族聚居地区纠纷解决机制的实证研究》等博士学位论文和学术研究，这些研究针对蒙古族习惯法在民族地区纠纷解决的作用与蒙古族聚居地区纠纷解决中民族性与地域性的不同需求进行研究，并提出有效解决蒙古族聚居地纠纷解决的建议。这些对我国西部民族地区社会纠纷解决相关的研究，对促进我国西部边疆少数民族地区的和谐、稳定和繁荣发展起到了重要的理论意义和现实意义。

随着经济全球化与"一带一路"倡议的实施，中国与参与"一带一路"合作的国家、地区和城市的跨区域跨国界边境贸易交往的日益增多，如何解决跨界民族之间的跨境边境贸易纠纷是目前亟待解决的研究课题。

（二）关于边境贸易纠纷解决的研究

国内只有极少数学者积极开拓涉我国台湾省和周边其他国家的民商事纠纷解决方面的研究，如于飞的《涉台民商事纠纷解决机制建构研究》一书中提出涉台民商事纠纷解决现行机制各自的优势、存在的问题和完善的建议，并强调两岸民商事司法协助的路径和法官自由裁量权在涉台民商事纠纷解决中的必要性，最后以"福建省涉台民商事纠纷解决机制之创新"模式为范式构建涉台民商事纠纷多元化解决机制的具体设想。

朱伟东的《非洲涉外民商事纠纷多元化解决机制研究》一书中把非洲重

要国家（埃及、苏丹、尼日利亚、南非等）的涉外民商事纠纷多元化解决机制和非洲重要地区性组织涉外民商事纠纷多元化解决机制进行一一分析，提出非洲国家在涉外民商事诉讼程序方面的发展存在很大的差异。书中还提到虽然中国与33个非洲国家签订有双边投资协定，但实际已生效的双边投资协定只有16个。中国政府相关部门应进一步推动与更多非洲国家签订双边投资协定，以便中国投资者以后可以利用国际仲裁机制来解决与非洲国家的投资争议。最后要完善中非双边民商事司法合作，设立中非经贸仲裁小组和联合仲裁等完善中非民商事纠纷解决机制的步骤。

还有吴靓宇的《关于完善我国边境贸易争端解决机制的思考》、刘国胜的《中哈霍尔果斯国际边境合作中心争端解决机制的法理分析》、毕世鸿的《中越边境政策比较研究》和林日华的《解决涉越边境贸易纠纷的思考》等期刊论文，对我国边境贸易日益发展产生的诸多边境贸易争端的现状和边境管理、基础建设、法律制度完善方面提出了建议。

宋才发的《民族自治地方贸易管理自治权再探讨》、黄林的《西藏自治区边境贸易的法律保障分析》两篇论文提出民族自治地方对外贸易和边境贸易，是我国对外经济贸易在边境少数民族地区的特殊形式。我国边境地区的民族自治地方对外开展边境贸易，有独特的区位优势和地缘优势，也有国家政策与法律上的优势。根据《民族区域自治法》相关规定，我国边境地区民族自治地方具有与邻国接壤地区开辟对外贸易口岸，与我国边境口岸相邻国之间开展边境贸易的自治权和享受国家边境贸易优惠政策的贸易管理权。但是民族自治地方的边境贸易，必须遵守国家统一的贸易体制，在国家统一贸易体制下进一步改进和完善民族自治地方内部管理机制，依法严格管理对外贸易秩序，按照要求尽快完善民族自治地方的对外贸易法治建设。

潘峰在《中俄边境贸易争端解决机制研究》一文中指出，随着中俄两国边境贸易的快速发展，参与中俄边境贸易主体多元化，调整中俄边境贸易关系的法律法规日趋复杂。尤其是2000年中国加入世界贸易组织（WTO）后，在中俄经济贸易交往中，俄罗斯不断采取贸易壁垒，导致中俄边境贸易纠纷逐渐增多。如何有效解决这些中俄边境贸易纠纷，对于确保中俄边境贸易稳定有序地发展及加快经济全球化的进程具有十分重要的意义。

张利俊的《边境贸易法律保障研究——以内蒙古自治区为例》一文通过内蒙古与蒙古国和俄罗斯开展边境贸易的发展、现状和法律政策的演变，分析内蒙古边境贸易法的实施研究（金融法，财税法等），提出建立边境综合保税区、边民互市贸易区运营法律的完善等建议。并强调内蒙古应充分行使民族自治地方的经济自治权，在《宪法》《民族区域自治法》框架内制定更加灵活的边境贸易措施，为内蒙古与周边国家之间的边境贸易纠纷提供诉讼、仲裁、调解等完善的解决机制的建议。

石佑启，韩永红等人的《"一带一路"法律保障机制研究》一书中提出"一带一路"面临的诸多挑战，并一一阐述了"一带一路"法律保障机制构建中如何尽快加入国际公约条约，进行国际合作的规范要求与国内法治保障的具体构想，提出中国在"一带一路"法律保障机制建设中如何避免条约冲突的事前预防方式和具体解决方式。

随着"一带一路"倡议的提出，"一带一路"沿线国家边境贸易纠纷解决机制的研究得到了广泛的关注，如王贵国教授在《"一带一路"战略争端解决机制》一文介绍了目前"一带一路"倡议争端解决机制的类型与遇到的问题，并提出"一带一路"倡议争端解决机制和规则及选择路径。朱伟东教授的《中国与"一带一路"国家间民商事争议解决机制的完善》一文对完善"一带一路"沿线国家之间民商事争议解决机制的必要性和紧迫性进行分析，最后在仲裁和诉讼解决机制的完善提出具体的步骤和多边公约及双边条约签订的意义。这些中国与参与"一带一路"合作的国家纠纷解决机制的研究，虽然数量不多，但是对本书的研究提供了研究思路和研究框架。

关于边境贸易纠纷解决的这些研究，为我们构建中蒙边境贸易纠纷解决机制提供了学理上的支持和研究方法的指导。但是排除笔者收集资料的局限，还没有找到一篇对中蒙边境贸易纠纷解决机制的系统性研究成果。

本书针对中蒙边境贸易纠纷解决机制进行专题研究，对"一带一路"倡议的实施和中蒙边境贸易的持续发展及中蒙边境民族地区和谐稳定的周边环境的产生具有重要的推动作用。

第二节 基础理论

一、纠纷解决理论

纠纷解决机制会因不同国家、不同民族和地域以及一个国家不同的发展阶段而具有不同内容。目前我国对内处于社会转型期，对外处于与世界高度接轨期，各种利益冲突与经济贸易纠纷层出不穷，尤其是中蒙边境地区的开放，边境贸易迅速发展，中蒙两国边境线两侧，跨界民族地区各种利益分化复杂、边境贸易交流密切、各类边境贸易纠纷逐渐上升，民事诉讼法是解决这些边境贸易纠纷的重要手段，但仅有民事诉讼解决机制是远远不够的。本书研究在"一带一路"倡议下对中蒙边境贸易纠纷联合调解、加强双边合作和区域合作，探索与国际接轨的国际调解机制、仲裁机制和司法协助机制的路径，有助于丰富"纠纷解决理论"研究的内涵，促使人们更加关注在经济全球化背景下的边缘地区，边境民族地区的边境贸易纠纷的解决过程中，如何调适国际法、国内法和促进国际合作、双边合作、区域合作来联合解决新型纠纷解决机制的研究。

二、社会治理理论

党的十八大以来，中国特色社会主义进入新时代。党的十九大报告指出，要加强和创新社会治理，打造共建共治共享的社会治理格局。社会治理是国家治理的重要领域，社会治理现代化建设是国家治理体系和治理能力现代化建设的应有之义。本书的研究是在党的十九届四中全会通过的《中共中央关于坚持和完善中国特色社会主义制度、推进国家治理体系和治理能力现代化若干重大问题的决定》指导下展开，习近平总书记提出要全面构建和谐社会，面对新时期出现的多元化的矛盾，我们不光要正确地面对矛盾，更要积极探索矛盾的解决方法，形成处理矛盾的有效机制为选题背景，研究国家治理视角下民族地区边境贸易纠纷多元解决机制是由不同学科和研究方法构成，理论与实践相结合的综合性的研究。本书提出如何预防调处和化解民族地区社会纠纷的具体建议，有利于维护边疆民族地区和谐稳定，将有助于民族地区社会治理能力的建设与提升。

第三章　中蒙边境贸易发展概述

中蒙边境贸易是中蒙两国之间特有的一种贸易方式，是我国对外贸易的重要组成部分。蒙古国与我国的内蒙古自治区接壤，地处中俄两国之间，地理位置独特，地缘优势十分明显。近年来随着"一带一路"倡议的实施和中蒙双边关系的进一步发展，中蒙边境贸易已成为中蒙两国相互理解和信任，政治、经济贸易和文化交流等各领域协调与合作的重要途径之一。本章首先介绍中华人民共和国成立以来中蒙两国边境贸易发展历程，然后从中蒙边境贸易规模、增长速度、贸易结构、贸易方式等中蒙边境贸易的发展现状进行总结，进一步分析目前中蒙边境贸易发展中存在的具体问题。

第一节　中蒙边境贸易发展历程

蒙古国与我国北部边境内蒙古自治区接壤，地理位置独特，为中蒙两国边境贸易的发展提供了得天独厚的地缘优势。蒙古国是与我国最早建立外交关系的国家之一，1949年10月16日中蒙两国建立外交关系。中蒙两国建交的70多年里，两国的政治、经济和贸易关系也受历史传统、国际形势和文化差异等因素的影响，经历过一些曲折，但中蒙两国之间睦邻友好、合作发展始终是主流。尤其是近几年，中蒙两国边境贸易关系的发展迅速和成效显著。中蒙两国于1951年建立国际贸易关系以来的边境贸易发展，大致经历了启动和发展时期、大幅萎缩时期、全面恢复时期和全面快速发展时期等四个阶段。

一、启动和发展经济贸易关系时期（20世纪50年代至60年代初）

中蒙两国1951年建立国际贸易关系，为了进一步深化中蒙两国之间的贸易合作领域，中蒙两国领导人先后签署了《中蒙交货共同条件协定书》《中蒙经济与文化合作条约》《关于中蒙贸易支付结算协定书》《中蒙通商条约》等条约和协定，为中蒙边境贸易发展奠定了基础。1956年中蒙俄国际联运铁路正式通车，为中蒙边境贸易的进一步合作和中蒙两国之间的贸易往来创造了良好的交通基础设施条件。

这一阶段，边境贸易是中蒙贸易的主要方式，在蒙古国对外贸易中，中蒙贸易额始终保持着领先地位。到1961年，中蒙贸易额达到4994万美元，比1951年的75万美元的贸易额增长了近6倍，占1961年蒙古国贸易总额的20%以上。中蒙两国边境贸易当中蒙古国主要向中国出口初级产品，中国主要向蒙古国出口生活消费品等商品，中蒙两国进出口商品结构呈现互补性[1]。

1949年中蒙两国建立外交关系以来，中蒙两国的贸易往来更加密切，1958年蒙古国向中国赠送1.5万马匹。1960年中国向蒙古国提供了大量的资金和技术的支持，先后共提供了4.6亿卢布贷款，缓解了蒙古国国内的资金周转问题。同期还开发建设了那莱赫玻璃厂、阿木嘎楞农牧场、和平桥等多个工程项目[2]。这期间中蒙两国之间经济贸易合作领域显示出良好的发展势头。

在中蒙两国边境贸易合作上，虽然蒙古国轻工业不发达、科技水平较落

---

[1] 希日莫：《恢复发展中的中蒙经贸合作关系——中蒙经贸合作关系的回顾分析与预测》，《北方经济》1997年第5期，第37—40页。

[2] 敖恩高娃：《中蒙双边贸易发展问题及对策研究》，硕士学位论文，海南大学，2016年，第10页。

后，但矿产资源丰富。中国主要向蒙古国出口小商品、日常生活用品、机械设备、医药等，而中国主要从蒙古国进口畜产品、皮毛、兽骨、动植物药材等农牧产品，蒙古国向中国提供了丰富的物质资源。此时期中蒙两国开始启动和发展经济贸易合作关系的原因：

（一）1949—1992年中蒙两国同属社会主义阵营

20世纪50年代至60年代，中蒙两国同属于社会主义国家，具有社会主义共同理想和奋斗目标，有着相似的社会主义国家政治体制和管理机构。兼具中蒙两国边境地区接壤的地缘优势，决定了中蒙边境贸易合作发展的必然趋势，也为此后的中蒙边境贸易合作和发展打下了政治基础。

（二）中蒙两国政府的支持

自1949年中蒙两国建立外交关系以来，中蒙两国的国家领导进行互访，多次增进了两国关系。1952年和1954年，中蒙两国国家领导彼此进行友好访问，共同签订了《中蒙经济及文化合作协定》等合作协议，为中蒙两国进一步加强政治、经济、文化等多领域合作与交流打下基础。

（三）中蒙两国进出口贸易的互补性

中蒙两国由于自然资源和技术水平的差异，进出口商品具有互补性，蒙古国向中国出口资源型初级产品，从中国进口技术性日用生活小商品，中蒙两国之间借助地缘优势，增加贸易往来。

二、大幅萎缩时期（20世纪60年代中期至80年代）

20世纪60年代后，受国际形势的变化和中苏两国关系的不断恶化，中蒙边境贸易关系受到严重影响。长达20多年的时间里，中蒙两国在政治外交关系基本处于中断状态，中蒙两国此阶段的外交关系直接影响了中蒙边境贸易合作关系，导致中蒙边境贸易进出口贸易量急速下滑，贸易总额大幅萎缩。

1963年中蒙两国贸易额为2747万美元，比1961年下降了45%，至1967

年，中蒙两国贸易额只有35万美元，是中蒙两国建交以来的最低贸易额。①

1970年初，中蒙两国贸易有小幅度回升。但到1973年时，蒙古国停止向中国出口牲畜、羊皮、肉类等商品，使得两国贸易额持续下降。到1980年两国的贸易额也仅为771万美元，相当于1961年的15%②。在此阶段，中国也暂停了在蒙古国的相关技术援助和资金支持，中蒙两国睦邻友好合作和经济贸易发展陷入停滞状态。

20世纪60年代中期至80年代，中蒙两国经济贸易发展出现停滞状态的原因：

（一）中蒙关系受国际形势变化和中苏关系恶化的影响

20世纪60年代开始中苏关系的不断恶化，间接导致了中蒙之间贸易往来。中苏经济贸易的衰减，使原本通过蒙古国这个交通枢纽的中苏两国货物流通量大大减少。加上此期间蒙古国与苏联关系较为密切等各种政治、经济因素导致了中蒙两国边境贸易的大幅萎缩。

（二）中蒙两国友好合作关系破裂

20世纪60年代至70年代，由于中蒙两国在具体发展理念上产生了分歧，中断了两国政治外交关系和经济贸易合作。尤其是到20世纪70年代，中国政府暂停从蒙古国进口牲畜及肉类产品，导致中蒙两国贸易持续下滑至历史最低额。

三、全面恢复发展经济贸易时期（20世纪80年代中后期）

20世纪80年代以后，国际形势出现开放和合作的总体趋势。开放与合作的国际形势变化对恢复中蒙边境贸易合作关系提供了良好的国际环境。随着中蒙两国政治、外交关系的全面恢复，中蒙边境贸易领域的合作发展也逐渐扩大。1985年10月，中蒙两国在蒙古国首都乌兰巴托进行边境贸易会谈，

---

① 敖恩高娃：《中蒙双边贸易发展问题及对策研究》，硕士学位论文，海南大学，2016年，第10页。

② 韩振冬：《中蒙经贸关系的回顾与展望》，硕士学位论文，中央民族大学，2007年，第32页。

国家批准了内蒙古二连浩特口岸的对外贸易开放。同年中蒙两国外贸部门经过相互磋商，中蒙两国签署了《1985—1986年关于中国和蒙古人民共和国进行边境贸易的议定书》《中蒙边境贸易总合同》《中国银行和蒙古国家银行关于办理边境贸易结算和财物处理手续的议定书》等3个文件。当年中蒙两国边境贸易额达到27万美元。

1985年中蒙两国恢复了二连浩特（中国）与扎门乌德（蒙古国）之间的边境贸易，国家批准内蒙古自治区可以与蒙古国进行边境贸易。1986年，中蒙两国政府间签订了中蒙两国第一个长期贸易协定，逐步开放了中蒙两国边境口岸之间的边境贸易合作。1988年，两国进出口贸易总额已增加到2127万美元。1989年中蒙两国政治、经济合作关系恢复正常化，1989年3月蒙古国外交部部长访问中国，双方签署了《关于成立中蒙经济贸易、科技合作委员会》协定书。这标志着中蒙两国经济贸易和科技技术合作关系开始全面恢复和进入新的发展阶段。

20世纪80年代中后期，中蒙两国经济贸易合作关系全面恢复发展的原因：

（一）国际形势出现开放和合作的趋势

冷战结束后，国际形势发生了新的变化，国际贸易和投资向全球化、自由化的方向发展，这为中蒙两国边境贸易合作关系的全面恢复和进一步发展提供了良好的国际环境。

（二）中蒙两国高层领导的互访带动了中蒙两国边境贸易发展

1989年中蒙两国政治、经济关系恢复正常，通过中蒙两国国家领导人之间的多次互访交流，促进了中蒙两国边境贸易合作关系的全面恢复和继续发展。1998年中蒙两国联合发表了《中蒙联合声明》，为推动中蒙两国经济贸易合作发展提供了政治保障。

（三）中蒙两国对外政策的变化

冷战结束以后，1994年通过的《蒙古国对外政策构想》提出，蒙古国实行了开放的、不结盟的、多支点的和平外交政策。而中国自20世纪70年代改革开放以来，对外一直实行建立和谐世界的"睦邻、安邻、富邻"的外交政策。中蒙两国对外政策的变化为中蒙边境贸易的全面恢复和进一步发展创造了有利条件。在此阶段，中蒙两国对外政策逐渐放宽，中蒙两国政治、经济贸易合作关系得到进一步加强。

（四）中国的改革开放和蒙古国经济的转型

20世纪70年代，十一届三中全会后中国加强改革开放，大力推进经济建设。1990年起，蒙古国经济发展进入瓶颈期，蒙古国政府为了走出国内经济困境加强了对外开放和扩大市场的相关经济政策。蒙古国转型期的经济政策吸引了众多周边国家的经济贸易合作。中国利用与蒙古国地缘关系的优势，成为蒙古国重要的贸易伙伴国。由于蒙古国国内轻工业发展相对落后，中国向蒙古国出口大量的轻工业产品和机械设备，从蒙古国进口牲畜产品、矿产资源等自然资源性产品。

四、全面快速发展时期（20世纪90年代末至今）

20世纪90年代末至今，中蒙两国各个领域的交流合作关系全面快速发展。中蒙两国边境贸易类型，从原来单一的商品货物贸易不断深入合作扩展到中蒙经济技术合作、加工贸易、服务贸易和文化贸易等多个领域全面发展。1999年中蒙贸易总额突破了2亿美元，比1998年增长了59%，中国成为蒙古国最大的贸易伙伴国。

进入21世纪以来，随着中蒙两国关系的不断深入，中蒙边境贸易往来日益频繁。在蒙古国对外贸易伙伴国家中，中国的地位不断提高。据统计，1998—2010年间，中国已连续12年成为蒙古国最大贸易伙伴国。中蒙两国进出口贸易额约占蒙古国对外贸易进出口总额的1/3[1]。据统计，2008年中蒙两国贸易总额达到23.35亿美元，占蒙古国对外贸易进出口总额57.79亿美元的43.87%。

近几年来中蒙两国关系在相互尊重、平等互利的基础上取得了长足发展，给两国经济贸易的发展和两国边境地区的人民带来了实实在在的利益。随着中蒙两国高层领导互访和双边关系的深入发展，两国合作已经扩展到了

---

[1] 达格苏仁：《21世纪初中蒙关系研究》，博士学位论文，吉林大学，2014年，第26页。

社会、经济、文化、人文等各个领域。2014年两国元首签署的《中华人民共和国和蒙古国关于建立和发展全面战略伙伴关系的联合宣言》称,加强在经济贸易、投资、旅游、人文等领域的双方合作,加快推进"一带一路"倡议和蒙古国"草原之路"倡议的对接,并设定了2020年中蒙双边贸易额达到100亿美元的目标[①]。这对中蒙两国经济贸易合作具有重要意义,有利于推动中蒙边境贸易关系朝着更高水平不断发展。2016年,中蒙两国双边贸易额达到46.1亿美元,占蒙古国对外贸易总额的60%。特别是2017年上半年以来,中蒙双边贸易达到31亿美元,同比增长44.2%。

20世纪90年代末至今,中蒙边境贸易全面快速发展的原因:

(一)中蒙两国加强合作

随着中蒙两国经济的快速发展,中蒙两国在政治、经济贸易、国境运输、人文、旅游等各个领域不断扩展。中蒙两国1999年共同签署了《中华人民共和国政府和蒙古国政府经济技术合作协定》,为今后中蒙两国的友好合作与贸易往来奠定了国际化的里程碑。2008年,中蒙两国政府签署《中蒙经贸合作中期发展纲要》[②]。2013年9月,国家主席习近平访问中亚国家时,提出了共同建设"丝绸之路经济带"的发展战略构思,受到了国际上的广泛关注,也得到了沿线国家的拥护。为了进一步扩大中蒙经济贸易合作关系合作领域,提高边境贸易关系成果,2014年中蒙两国修订了《中蒙经贸合作中期发展纲要》,进一步挖掘了中蒙经济贸易合作潜力,对中蒙两国边境贸易的发展,乃至对东北亚地区经济贸易合作产生了重要意义。2014年8月22日,国家主席习近平在蒙古国访问时发表了《守望相助,共创中蒙关系发展新时代》为题的重要演讲,体现了国际新形势下我国对外开放新布局,为加强中蒙两国区域合作提供了新平台。

(二)中蒙两国经济的飞速发展

20世纪90年代末至今,中国经济全面快速发展的同时,蒙古国整体经济也稳步上升。因此,中蒙两国经济的快速发展进一步促进了中蒙两国政治、经济贸易、人文等各个领域的深入合作,为中蒙边境贸易全面快速发展

---

① 丰华:《中蒙经贸发展的现状分析及对策研究》,《内蒙古科技与经济》2015年第24期。
② 马立国:《21世纪初中蒙关系研究》,博士学位论文,吉林大学,2014年,第78页。

提供了坚实的保障。

(三)中蒙两国经济贸易互补性加强

中蒙两国经济贸易的互补性是深化中蒙边境贸易合作发展的基础。蒙古国丰富的自然资源排在世界前列，但是严重缺乏资源的开发、利用方面的技术人员和劳动力。而中国是资源输入性国家，并且经过近几年科技水平的不断提高，使得中蒙两国在自然资源、资金、技术和劳动力等领域内优势互补。这为中蒙两国边境贸易的全面快速发展和共同营造睦邻互信、互利互赢的良好贸易合作局面打下了坚实的基础。

第二节 中蒙边境贸易发展现状

随着"一带一路"倡议的制定和蒙古国"草原之路"倡议的提出，"一带一路"沿线国家之间边境贸易的发展受到了大家的普遍关注，中蒙两国以其独特的地缘优势在众多国家之间的边境贸易中占据着非常重要的地位。随着中蒙两国高层互访和国家间战略关系的提升，2014年中蒙双方签署联合宣言称，双方将进一步扩大经济贸易关系合作领域，加快推进"一带一路"倡议和蒙古国"草原之路"倡议的对接，加强政治、经济贸易、人文和旅游等各个领域的合作，并设定了2020年中蒙双边贸易额达到100亿美元的目标。近几年，随着中蒙两国在农产品、能源矿产、建材以及造纸产品、纺织品等贸易规模的不断扩大，稳步提高装备制造和高技术产品的生产水平，加强旅游、物流、金融、咨询、广告、文化创意等服务贸易领域的交流合作，引导边境贸易向加工、投资、贸易一体化的完善，中蒙边境贸易额不断上升，连创新高。

一、双边贸易额保持稳定增长态势

在蒙古国新外交政策下，中国被界定为重要的经济贸易合作伙伴。近两年的新冠疫情，对中蒙贸易额造成一定的影响，但我国仍是蒙古国最大贸易伙伴国。从下图3-1所示看，中蒙两国从地理位置上相邻，所以有运费、成本上的优势，使得双边贸易更加自由。2018年第三季度，中蒙实施自由贸易协定联合可行性分析，让双方贸易进一步发展。由2015到2019年中蒙的进出口情况能够发现，2018年有显著的增长，而蒙古的经济主要是从2015年得到好转。中蒙进出口额在蒙古国对外贸易规模中的权重基本超过60%，而蒙古关于我国出口在总额里的权重超过80%，蒙古从我国进口在其进口总量当中的权重超过30%。我国对蒙古进口一般超过出口，贸易逆差明显，从2017年贸易逆差接近4万美元，到2019年，双方贸易规模接近90亿美元，对比去年同一阶段，提升4.7%，在蒙同期外贸总额当中的权重为64.7%。2020年受新冠疫情和外贸形势严峻等因素的影响，自治区对蒙古国进出口276.5亿元，下降21.6%，2021年自治区对蒙古国贸易仍然面临较大压力，随着"一带一路"和中欧班列运行持续向好，中蒙双边贸易额更是达到100亿美元。中国已连续18年是蒙古国第一大投资来源国和贸易伙伴国，中蒙贸易总额占蒙古国对外贸易总额的60%以上。中蒙两国之间贸易额在最近两年中基本保持稳定增长态势。

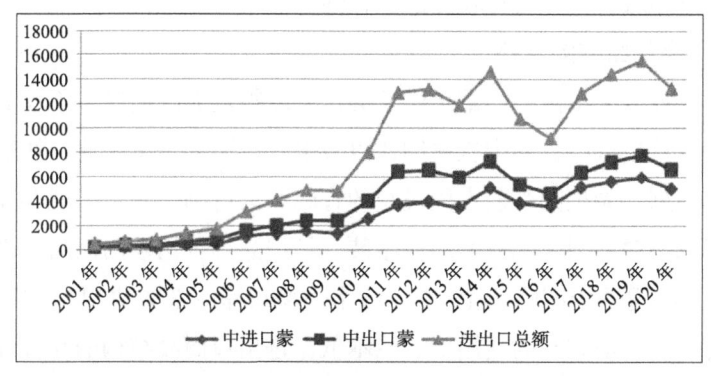

图3-1 2005—2015年中蒙货物进出口贸易总额（单位：亿美元）

数据来源：中国商务部统计数据

二、双边贸易互补性强

经济互补性和商品结构的契合度是深化中蒙边境贸易合作的基础，中蒙两国边境贸易存在产业结构、市场结构的差异性和经济技术的互补性，中蒙边境贸易领域的相互依存度较高，双边边境贸易融合度较高，所以有进一步深化发展的潜力。我国现已成为世界第二经济大国，而蒙古国的经济规模不大，并且经济结构单一，我国通过近几年的发展，经济结构日益协调，并向全面优化升级的方向发展。蒙古国的经济结构中第一产业主要向畜牧业方向发展；而蒙古国第二产业（矿产业）发展因技术和劳务人员的短缺和受国际市场的影响发展滞后；第三产业（加工业）起步较晚发展落后。中蒙两国产业结构的差异性决定了只有两国进一步加强合作才能经济互补共同发展。

中蒙两国经济互补性主要体现在以下三方面：

（一）自然资源的互补

随着中国经济全球化的快速发展，能源、矿产等自然资源的原材料会越来越紧缺，出现了现代化储备资源不足的问题，而蒙古国丰富的矿产资源市场正满足了中国能源市场的需求。蒙古国矿产资源领域的竞争力排在世界第6位，矿产自然资源的储备量在全球前20名。但是蒙古国国内资金不足和科技技术的相对落后，导致丰富的矿产自然资源处于待勘探和开发阶段，而中国具有开发矿产资源的资金和工业技术。因此，中蒙两国在矿产自然资源的勘探和开发领域合作上具有较强的互补性[1]。

（二）商品结构的互补

改革开放以来中国轻、重工业发展水平取得较大的提升，不仅商品种类众多，而且价格低廉，其中机械制造以及电子产品、汽车工业、纺织品、日用品等一系列产品也颇受蒙古国民众的青睐。蒙古国一直以来就存在工业欠发达的问题，蒙古国轻工业产品如服装、纺织品等日用生活用品大部分从国外进口，而中蒙两国边境地区共有13个边境口岸，双方进出口货物运输方便，进行双边边境贸易的费用少、成本低。进出口商品结构的互补性使中蒙

---

[1] 娜琳:《金融危机以来蒙古国经济及中蒙经济合作》,《东北亚论坛》2010年第5期,第56页。

两国边境贸易领域的合作对蒙古国具有较强的吸引力①。

中国作为农业大国，粮食、蔬菜和瓜果等农副产品的种类繁多；而蒙古国是以畜牧业为主，因为种植业发展落后，粮食、蔬菜等作物不能实现满足国内市场需求，大米、砂糖、植物油100%依靠进口，从中蒙边境贸易出口的中国农产品一定程度上满足了蒙古国对农产品的需求②。此外，由于蒙古国独特的自然环境条件，蒙古国大部分土地被用于畜牧业生产，从而形成了以传统的游牧生活方式为主的畜牧业为第一产业的格局。在畜牧业方面，蒙古国的畜产品价格比我国国内市场价格低廉而品质高、产量也稳定。而中国国内畜牧业领域的企业普遍存在肉类、皮革和羊绒等原材料供不应求的问题，需要从蒙古国进口大量的畜产品。因此，中蒙两国在农牧业领域的边境货物贸易合作方面也有很强的互补性。

（三）劳动力与技术的互补

中国是人口大国，剩余劳动力丰富，与蒙古国接壤的内蒙古自治区就有2500万人口，其中蒙古族人口就达到423万人③。相反，蒙古国人口不足300万（截至2014年约294万人），地广人稀，劳动力资源稀缺，而且人口聚居密度小，尤其是进行矿产资源的开发、工程建设等大型项目时，劳动力和技术人员严重短缺，在中蒙边境经济技术合作领域，中蒙两国可以劳务合作贸易。在资金和技术方面，目前蒙古国的羊绒和矿产资源非常丰富，但由于蒙古国在经济发展过程中资金匮乏、科技不发达、设备陈旧和加工技术水平低下等，只能在对外贸易中向其他国家出口原材料和矿产资源的初级矿产品。而中国相对蒙古国具有很大的技术优势，经过30多年的改革开放，经济的持续发展带动了科学技术的不断进步，加工技术和经验相对蒙古国更先进，资金充足。随着中蒙边境贸易经济技术合作领域的不断加深，既解决了蒙古国技术人员和劳动力不足问题，也有利于中蒙两国边境贸易的进一步合作和发展。这也是近几年中蒙两国战略伙伴关系持续升级和中蒙边境贸易稳步发

---

① 巴盖尔：《二十一世纪初蒙中关系探析》，长春：吉林大学出版社，2014年，第13页。
② 罗晓印：《中蒙经贸关系的可持续发展研究》，吉林：延边大学出版社，2012年，第10页。
③ 2014年第六次全国人口普查数据。

展的主要原因①。

三、进出口货物贸易结构日趋合理

在中蒙边境贸易合作领域，我们在不断扩大中蒙边境贸易进出口总量的同时，也不断优化中蒙边境贸易进出口货物贸易结构，加快转变对蒙古国边境贸易的增长方式。尤其是进入"十一五"规划时期以来，随着中蒙边境核心地区内蒙古自治区工业化进程的加快，中蒙边境进出口货物贸易结构得到了战略性调整和优化。在出口货物中，已由原来的粮油、土畜、皮毛等初级产品发展到精深加工的粮油食品、五金交电、机械设备、毛纺服装、运输工具以及高新技术产品的出口。在中蒙边境进出口货物贸易中羊绒、稀土矿产品等资源和初级产品的比重不断下降，工业制成品的比重在不断提升，中蒙两国进出口货物贸易的结构发生了显著的变化。

目前，中蒙两国边境进出口货物贸易结构呈现以我国的劳动密集型产品和蒙古国的资源型产品为主的特征。

表 3-1 中蒙进出口货物贸易的主要构成

国家种类	出口货物	进口货物
中国	机械器具、电机、电器、车辆、服装、皮革制品、电子设备	矿砂、矿物燃料、铜、钢铁、塑料制品、铝、羊毛、生皮革
蒙古国	铝矿石、铜矿石、铝精粉、铜精粉、原油、动物绒毛	机械产品、纺织品、服装、轻工业制品、化学制品

资料来源：中国海关统计

从表3-1列举的中蒙边境贸易进出口货物贸易的结构看，与中蒙两国边境贸易的互补性相应，中蒙边境进出口货物贸易结构中逐渐实现各自的优势

---

① 黄健英：《一带一路沿线国家经济》（丛书）蒙古国经济，北京：中国经济出版社，2016年，第157—158页。

互补，货物贸易结构日趋合理化。

以中蒙边境口岸二连浩特口岸的边境贸易进出口货物主要构成为例，中蒙边境货物贸易的结构比较合理，二连浩特口岸出口的货物构成多是水果、蔬菜、建筑材料、机械、电子产品、家电、汽车、纺织品等；进口的货物多以铁矿石、铜矿粉、铝精粉、铝矿石和原油等矿石原料为主的生产资料，并且这与中蒙边境贸易极强的互补性完全呼应的同时，与中蒙两国各自经济产业的结构、发展和资源的垂直型分布完全相符。

四、服务贸易额不断增加

随着中蒙两国边境贸易合作领域的不断扩大和中蒙跨境经济合作区的建设，中蒙两国边境贸易结构中除了传统的货物贸易外，通信、金融、餐饮、旅游等服务贸易额都在不断增加。尤其是近几年，中蒙边境口岸基础设施的不断完善和中蒙两国服务贸易领域的积极宣传和合作，边境旅游业已成为拉动中蒙边境贸易的一个重要构成部分。

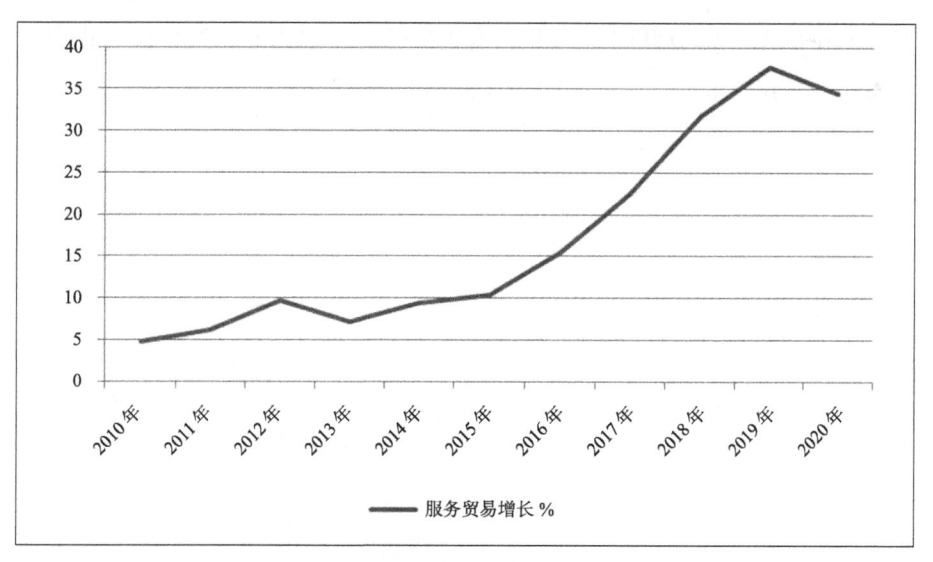

图 3-2　中蒙服务贸易合作增长率趋势（%）

资料来源：蒙古国国家统计局

2010—2020年，我国对蒙古国服务贸易出口数额呈现出上升的态势，服务贸易额增长了近5倍，具体见图3-2。尽管在这期间蒙古国对我国的服务贸易出口总额也在增长，但蒙古国对我国的服务贸易出口额占蒙古国出口总额的比例却在降低。内蒙古自治区珠恩嘎达布其、二连浩特、策克、阿尔山等口岸抓住有利时机，推出极具地方特色的旅游项目，吸引了大批的国内外游客，如阿尔山的冰雪节、策克口岸的胡杨节等旅游项目为边境口岸带来了很好的经济效益。

五、蒙古国对中国的贸易持续顺差

从中蒙边境贸易的商品结构来看，蒙古国出口到中国的商品技术水平要比中国出口到蒙古国的商品技术水平要低。但是从边境贸易进出口平衡或者边境贸易额的总量来看，蒙古国对中国的边境贸易一直处于顺差状态。蒙古国对中国出口贸易的依赖程度越来越高。目前，中国已经成为蒙古国最为重要的对外贸易顺差来源国。笔者统计了近10年蒙古国对中国进出口边境贸易平衡情况，如图3-3所示，蒙古国对中国边境进出口贸易一直处于顺差状态，其中顺差额度最低的2009年，有2.81亿美元的顺差，到目前为止中边境贸易顺差额度最高的时候，2014年高达28.66亿美元。

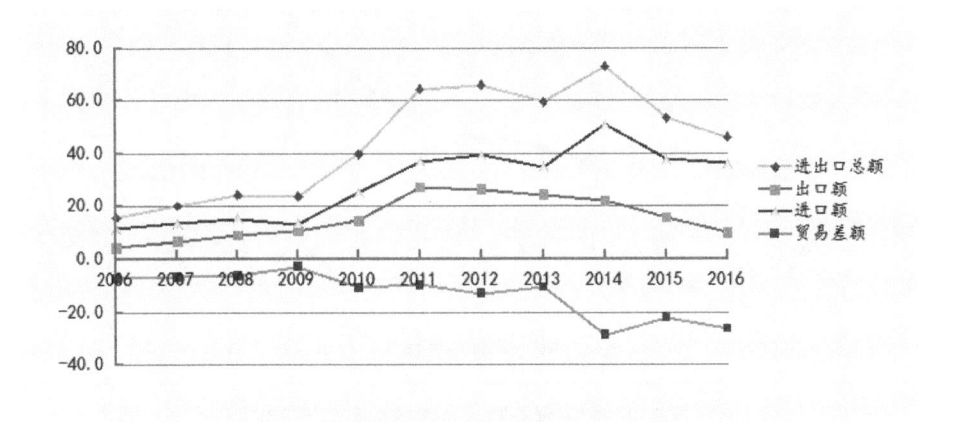

图3-3　2006—2016年蒙古国对中国进出口贸易平衡情况（单位：百万美元）

数据来源：《蒙古国经济统计年鉴》数据整理

此外，从图3-3中还应该注意到的是，在蒙古国对中国贸易顺差不断扩大的情况下，中蒙两国边境贸易进出口规模也在稳步的扩大。近两年，受国际矿产市场的影响中蒙边境贸易总量稍微收缩，但是中蒙两国边境贸易关系还在平衡发展，中国在蒙古国对外贸易中的地位也日益增强。

表3-2　2010—2016年内蒙古对外贸易额与蒙古国的贸易总额及所占比重

年份	内蒙古对外贸易额（亿美元）	内蒙古与蒙古国贸易 贸易总额（亿美元）	内蒙古与蒙古国贸易 在内蒙古贸易总额中占比（%）
2010	87.19	17.00	19.50
2011	119.39	28.45	23.80
2012	112.57	32.6	29.00
2013	119.9278	31.56	26.30
2014	145.53	40.97	28.20
2015	127.49	32.84	25.76
2016	117.01	28.07	23.99

资料来源：内蒙古商务厅网、中国商务部网

从表3-2内蒙古自治区2010—2016年的对外贸易额与对蒙古国的贸易总额数据来看，在蒙古国对中国贸易顺差不断扩大的情况下，因中蒙两国边境相邻、口岸对接，蒙古国仍然是内蒙古重要的贸易伙伴。内蒙古与蒙古国的边境贸易规模不断扩大，所占比重逐年提高。2014年双边贸易额达到40.97亿美元，创历史纪录，占蒙古国对外贸易总额的28.20%。

从中蒙两国的贸易平衡角度来看，蒙古国对中国边境进出口贸易一直处于顺差状态。随着中蒙两国经济贸易合作领域的不断扩大和边境贸易结构的优化，蒙古国对中国边境进出口贸易的顺差状态也没有发生任何改变。尤其是2014年中蒙两国国家领导人的互访与国家间战略关系的提升，中蒙两国贸易顺差急剧扩大。从图1-3的线图当中也能看出2014年中蒙货物进出口贸易额中蒙古国对中国的进口额远比出口额要高，这说明蒙古国对外贸易发展对中国出口贸易的依存度会越来越高，对中蒙边境贸易合作领域的不断扩大已经成为蒙古国经济贸易发展的重要动力。

六、内蒙古口岸贸易的作用逐步增强

内蒙古自治区利用与蒙古国边境接壤地缘优势和国家对沿边地区对外开放的各种优惠政策，近几年边境贸易的发展虽然有一些波动，但总体仍然呈上升趋势。从表3-3可以看出，中蒙两国共开放的13个边境口岸中大多分布在内蒙古自治区。内蒙古自治区现有对外开放口岸16个，对俄罗斯开放6个口岸，对蒙古国开放口岸有10个，其中包括1个铁路口岸（二连浩特铁路口岸）、8个公路口岸（二连浩特公路口岸、策克公路口岸、甘其毛都公路口岸、珠恩嘎达布其公路口岸、阿拉哈沙特公路口岸、满都拉公路口岸、阿尔山公路口岸、巴格毛都公路口岸）、1个水运口岸（额布都格水运口岸）其中还有3个国际航空口岸（呼和浩特、满洲里、海拉尔航空口岸）。内蒙古截止到2015年边境贸易口岸外贸进出口贸易的总成交额达到7925407万元，其中出口总额3515123万元，进口总额4410284万元，主要的贸易国家和地区中，蒙古国位列第一，俄罗斯位列第三[①]。

表3-3 中蒙边境地区开放下列口岸（中蒙两国共开放13个口岸）

国籍 / 口岸	中蒙两国开放口岸											
中方开放口岸	红山嘴	塔克什肯	乌拉斯台	老爷庙	策克	甘其毛都	满都拉	二连浩特（铁路）	二连浩特（公路）	珠恩嘎达布其	阿尔山	额布都格	阿拉哈沙特

---

① 胡敏谦:《2016年内蒙古统计年鉴》，北京：中国统计出版社，2016年，第406页。

续表

国籍\口岸	中蒙两国开放口岸										
蒙方开放口岸	大洋	布尔干	北塔格	布尔嘎斯台	西伯库伦	嘎舒苏海图	杭吉	扎门乌德（铁路）	扎门乌德（公路）	毕其格图	松贝尔	巴彦呼舒	哈比日嘎

资料来源：内蒙古自治区口岸办

进入"十二五"规划之后，内蒙古自治区的口岸边境贸易得到了进一步的发展。近年来，随着内蒙古自治区经济快速发展和跨境经济合作区的建设，口岸边境贸易发展步伐不断加快，对促进对外边境贸易的发展，推动中蒙边境贸易额的增长起到了重要的作用。这些中蒙边境口岸是我国和蒙古国边境贸易进出口能源、资源和货物重要通道，也是与蒙古国边境贸易合作的重要平台。目前二连浩特、珠恩嘎达布其、策克、甘其毛都口岸的边民互市贸易和二连浩特-扎门乌德跨境经济合作区的边境贸易在不断扩大。表3-4列举了内蒙古自治区边境口岸的进出境总货运量和对蒙古国的进出境货运量的数据对比。

表3-4 内蒙古自治区口岸进出境货运量统计（单位：万吨）

数额年份	2009	2010	2011	2012	2013	2014	2015
进出境总货运量（万吨）	3736.80	5243.30	6172.80	6729.22	6798.90	7085.67	6581.60
对蒙进出境货运量（万吨）	1308.30	2621.50	3222.20	3472.48	3293.20	4047.00	3537.62
对蒙进出境货运量所占比重（%）	35.00	50.00	52.20	52.00	48.40	57.30	53.80

资料来源：内蒙古统计局统计数据

从表3-4的数据看，2010年以来内蒙古自治区边境口岸进出境货运量中对蒙古国进出境货物运量占50%左右。2014年创历史新高，内蒙古自治区对蒙古国进出境货物运量占内蒙古进出境总货运量的57.30%。这些数据表明，内蒙古自治区的口岸贸易逐年增长的同时在中蒙边境贸易中的作用逐步增强，这是保持内蒙古自治区经济发展的动力，也是中蒙边境贸易进一步发展的重要平台。

第三节　中蒙边境贸易存在的问题

虽然近年来中蒙两国边境贸易合作有了较快发展，但中蒙双方边境贸易的发展依然存在不同程度的问题。一方面，蒙古国基础设施相对落后，因此想要发展中蒙边境贸易合作需要投入大量的资金和技术。另一方面，中国和蒙古国都属于发展中国家，边境贸易相关法律体系框架都不健全，两国历史文化传统的差异和边境贸易结算体系的不完善都会干扰中蒙边境贸易的发展。此外，复杂的双边政治经济关系也为中蒙边境贸易的发展造成了一些不利影响。

一、受中蒙双边关系的影响巨大

蒙古国位于亚洲内陆，南北为中国和俄罗斯两个大国所包围，地缘政治和经济特点突出，与周边两个大国的关系直接影响着蒙古国的政治和经济走向。从中华人民共和国成立初期至冷战时期"一边倒"的政策，蒙古国政治经济发展采取苏联模式，到冷战结束后接受美国式民主，从国内政治经济的变革实现国家发展的全面转轨来看，蒙古国政治经济的发展策略都是以模仿和追随世界超级大国来保证本国政治经济的安全稳定。目前，蒙古国的发展需要通过与中国的合作，中国经济的快速发展对蒙古国来说，可以通过中蒙两国经济贸易合作与交流，达到蒙古国国内经济进一步发展。而且本国已经意识到蒙古国经济发展支撑——矿业领域的主要出口市场在中国，中蒙两国矿产领域的合作有其他国家无法比较的地缘优势和市场优势。与中国经济贸易领域的务实合作才会给蒙古国带来最大的经济利益。

20世纪90年代以来，蒙古国在继续发展与中俄政治经济关系的同时，不仅加强了与美国等其他区域国家的联系和交往，也在寻求和建立多支点的地缘政治和经济关系。蒙古国采用的是更为灵活、务实的对外策略来平衡作为大国利益在区域格局斡旋、博弈的筹码，其收益是对本国国民经济发展的补偿。在"一带一路"倡议的历史机遇下，蒙古国的经济发展需要与中国经济贸易领域的合作，"一带一路"倡议的提出对蒙古国来说是合作发展的机遇。蒙古国基于灵活、务实的外交策略，在保证与"第三邻国"利益观的同时，更会加强与中国的战略合作关系。目前，蒙古国已经认识到，只有不断深化与中国边境贸易领域的合作，才能搭乘中国经济全球化发展的快车，充分发挥中蒙两国边境地区的地缘和市场优势，所以与中国边境贸易的务实合作定会给蒙古国带来最大的贸易利润。

目前我国经济体制建设，已经实现了多层次、多领域、全方位的对外开放格局，并随着"一带一路"倡议的实施，加快了与全球经济接轨的步伐。

二、受蒙古国政策法律变化的制约

蒙古国作为中国主要邻国，与内蒙古接壤的特殊地缘优势，双方在历史、人文、语言货物风俗习惯等方面具有相同和相似性。所以想要进一步发展中蒙两国的边境贸易合作，首先一定要熟悉掌握蒙古国边境贸易相关的政策和法律法规的规定。蒙古国实行议会制政体，由国家大呼拉尔制定法律，国家总统虽为国家象征，但根据《宪法》规定享有对国家大呼拉尔制定的法律的否决权。政府总统负责政府运行，但事实上权力有限。蒙古国《宪法》规定在国家大呼拉尔选举中占半数以上的党派可以组阁政府，蒙古国总理可以对蒙古国政府的结构、成员和改组提出意见，与蒙古国总统磋商后向国家大呼拉尔申报。由于蒙古国党派林立，执政党难以在大呼拉尔选举中达到单独组阁条件，经常不得已成立联合政府。如2014年6月，执政的民主党、在野的人民党和"正义联盟"组成联合政府。各政党围绕大呼拉尔选举竞争激烈，各政治势力均有参与。从1990年至今，蒙古国共经历4任总统、14届政府总理，每届政府平均执政年限仅为1.7年，在20世纪90年代末"民主联盟"执政期间，更是党派纷争不断，4年期间更换了四届总理。蒙古国每届新政府总理上任，对上届政府未实施的决议都要重新审议，很难有稳定及连续性的政策。尤其在矿业领域和有关外商投资法律方面，变动较大。由于蒙古国政府更迭频繁，新一届政府往往会废止上一届政府与投资者签订的投资协议或者制定符合本党派发展宗旨的法律，使得我国在蒙古国矿产开发相关的投资者无法继续按原协议内容继续履行，造成重大经济损失。甚至会影响中蒙两国边境贸易的继续合作和持续发展，也会引起不必要的边境贸易纠纷、扰乱边境贸易秩序[①]。

  蒙古国出于自己国家国内经济安全的需要，修改或调整涉外法律较频繁，政府干预企业微观经济活动明显加强。2006年的《矿产法》"国家对矿产的参与"条款规定：政府有权参与具有战略意义的矿产开发项目，规定开采时使用国家预算资金的战略矿产时，国家参股比例最高可以达到50%；没有使用国家预算资金战略矿产时，国家参股比例最高可达34%；将15个大型矿产列为国家控股的战略矿点[②]。2010年，蒙古国又一次修改《矿业法》，同年4月底颁发了一项无限期停止颁发转让探矿权证、采矿权证和新的"探矿权证"的蒙古国总统令。2010年11月宣布《水资源和森林法》回收254个金矿采矿许可证。这次在矿业领域政策的调整使得大量在蒙古国已投资矿产资源开发的中国投资者遭受了重大经济损失，为中蒙边境贸易经济技术合作带来了很多不确定性和不可预测的因素。2012年5月蒙古国又出台了《外国投资战略意义领域协调法》，该法将矿山业、银行业、通信及新闻业等三

[①] 《一带一路沿线国家法律风险防范指引》系列丛书编委会编：《一带一路沿线国家法律风险防范指引》（蒙古国），北京：经济科学出版社，2016年，第81—82页。

[②] 《一带一路沿线国家法律风险防范指引》系列丛书编委会编：《一带一路沿线国家法律风险防范指引》（蒙古国），北京：经济科学出版社，2016年，第83页。

个领域划分为战略性领域。如果在三个战略性领域投资或者收购其他企业的股份，不管占多少股份，要是外国国有企业的话，都必须得到蒙古国政府的批准；其他国家的私营企业投资或收购除蒙古国三个战略性领域外其他企业股份39%—49%，也应当得到蒙古国政府批准，如果占上述其他企业49%以上的股份必须得到蒙古国议会批准，并且投资或收购的企业还得向蒙古国政府缴纳20%的税[①]。蒙古国政府修订的法律多变，削弱了长期在蒙古国贸易投资中国企业的积极性，引发了中蒙边境贸易发展的不稳定性。

三、蒙古国基础设施不完善

蒙古国交通运输基础设施分为铁路、公路和航空运输，其中在中蒙边境贸易活动中占主导地位的是铁路运输。蒙古国边境贸易基础设施落后，特别是边境贸易运输水平低，制约着中蒙边境贸易合作规模。目前，通往蒙古国首都乌兰巴托的铁路运输承担了中蒙边境贸易主要的货运和客运任务，这条铁路运输线路是中蒙俄国际联运铁路在蒙古国境内段线，具体路线是在"莫斯科–乌兰巴托–扎门乌德–二连浩特–北京"之间运转，但是由于这条铁路运输线运行时间长、设备老化、技术落后、速度缓慢等，无形中增加了中蒙边境贸易货物铁路运输的成本。

中蒙两国边境接壤的地区共有相互开放的13个公路口岸（见表3–3），中蒙边境贸易可以通过边境口岸公路联结和通关，较为方便、快捷。但是从中蒙边境贸易经营者的角度考虑，公路运输与边境贸易铁路运输相比成本高，并且运量低，所以严重影响了中蒙两国边境货物贸易运输量。在蒙古国中蒙边境贸易中占有重要地位的边境口岸，由于投入不足，沿口岸计划、建设的基础薄弱，口岸道路、仓储、通关设施都严重滞后，从事边境贸易的企业力量弱小，从业人员的数量相对不足以及文化素质相对较低，成为制约口岸通关和边境贸易发展的瓶颈。

另外，在中蒙边境贸易经济技术合作领域，中国企业在蒙古国投资建工

---

① 王宁：《蒙古国通过新投资法案》，2013年10月3日，http://news.xinhuanet.com。

厂或矿山开发，因为蒙古基础设施不完善，涉及工程或矿产开发需要的基础设施建设，如道路、水、电、通信等问题都需要中国投资者自行解决。这些都严重影响了中蒙边境贸易合作范围和贸易规模，也增加了中国投资者从事中蒙边境贸易的附加成本，制约了中蒙边境贸易进一步的发展。

四、贸易秩序混乱

边境贸易秩序混乱也是影响中蒙两国边境贸易发展的主要因素。关于边境贸易秩序包括两方面的问题。一方面，边境地区远离国家经济发展中心地带，并且开展中蒙边境贸易是国家赋予边境地区的一项优惠政策，我国边境贸易相关优惠政策由国家商务部或海关总署制定，而具体实施则由地方政府来执行，由于与我国相邻的蒙古国政府监管不到位，各种不法活动频发，严重影响了中蒙两国正常的边境贸易活动。并且中蒙两国边境贸易发展过程中，至今未形成有效的行业协调和管理机制。在缺少中蒙边境贸易相关行业协调机制的情况下，中蒙边境贸易商家之间经常发生恶性竞争，经常造成中蒙边境贸易经营秩序的混乱局面。这种贸易秩序混乱在中蒙边境贸易中主要体现在，中国边境贸易市场上的蒙古国能源、矿产资源生产企业相互压价，甚至严重的会造成中国对蒙古国矿产企业的反倾销；而在蒙古国边境贸易市场上中国纺织品、服装商家之间为了获得更多的订单大批量走货，各商家之间竞相削价，这些行为不仅扰乱了中蒙边境贸易秩序，而且也损害了中国商家相互之间的利益，甚至也会损害到生产厂家的利益。

另一方面，蒙古国已于1997年加入世界贸易组织，为适应世贸组织的法律规则框架、促进贸易自由化，蒙古国对《海关法》进行了相应的修改①。值得注意的是，与我国的边境贸易关税法律规定不同，蒙古国《海关法》规定海关税率由蒙古国小呼拉尔批准且关税和海关收费可以用蒙古国同意接受的外汇支付。总体而言，蒙古国《海关法》对于个人走私行为的规定较多，没有针对边境贸易企业及其报关行业进行特殊规定，与当时蒙古国进

---

① 《海关法》自1991年1月28日公布实施，历经1992年、1996年和1997年三次修订。

出口贸易处于起步阶段有关①。并且蒙古国加入世界贸易组织已经二十余年，迄今为止没有统一的对外贸易规定，与中国签订《中蒙双边贸易协定》后对该协定也一直没有修订。现在蒙古国边境贸易相关法规只有《关税法》《外国投资法》《增值税法》《自由区法》和《海关法》等②。没有统一对外贸易规定，边境贸易经营者在进行贸易活动时一定要熟悉当地的特殊贸易环境。蒙古国国内资源匮乏，大部分粮食、蔬菜、水果类生活用品依赖于进口，所以在蒙古国从事对外边境贸易经营的企业和边民较多。但是没有规范的边境贸易秩序规范，导致正规的边境贸易活动难以进行，所以边境贸易秩序混乱是阻碍中蒙双边边境贸易发展的重要因素之一。

五、边境贸易合作行业集中

从中蒙边境贸易发展状况的分析，可以看出中蒙边境贸易的互补性较强，而就与蒙古国接壤的内蒙古自治区而言，更多体现出的是双方资源禀赋相似性。相似的资源禀赋使得双方合作的基础在于产业合作，而不是边境货物贸易。产业合作应当集中在资源、能源的合作开发及加工，但蒙古国国内相关政策法律的干预，双方产业合作规模有限，合作层次较低。中国在蒙古国的经济技术合作贸易主要集中在房地产开发、农业种植和矿产资源的勘探与开发，使双方边境贸易的合作行业过度集中，受蒙古国政策法律多变的影响，这些行业边境贸易合作稳定性也差，限制了中蒙边境贸易的进一步发展。

六、商品质量良莠不齐

随着我国对开放与沿边地区的经济发展，在中蒙边境口岸从事边境贸易的边民和小微企业在不断增多，中蒙边境贸易企业规模也在不断扩大，但是

---

① 《一带一路沿线国家法律风险防范指引》系列丛书编委会编：《一带一路沿线国家法律风险防范指引》（蒙古国），北京：经济科学出版社，2016年，第76页。

② 《一带一路沿线国家法律风险防范指引》系列丛书编委会编：《一带一路沿线国家法律风险防范指引》（蒙古国），北京：经济科学出版社，2016年，第81页。

这些边境贸易企业规模参差不齐。多年来，在中蒙边境贸易中存在许多商品质量问题。因为蒙古国国内的食品加工、轻工业发展比中国落后，所以中国有大量的食品、服装、纺织品、装修材料以及轻工业产品等生活必需品出口到蒙古国。一些从事边境贸易的蒙古国商人为了谋取更多的利润，从中国没有边境贸易经营权的企业或商家手里进口一些比市场价格要便宜，而质量不合格的商品，然后把这些质量不合格的劣质产品销往蒙古国市场，导致商品质量引起的边境贸易纠纷和食品安全问题事件频频发生[①]。

同时，因为蒙古国市场经济体系没有规范和轻工业落后，出口到中国的商品也存在短斤缺两、质量差及假冒伪劣的问题。在中蒙边境贸易运行中让这种质量参差不齐的商品互相流入邻国边境贸易市场上去，既降低了边境贸易企业的商业信誉，也给中蒙边境贸易的发展带来了破坏性的影响。这一问题也是目前中蒙边境贸易发展中存在的严重隐患，会产生诸多的边境贸易货物纠纷。

七、税收优惠政策的影响大

我国从1996年开始对边境贸易进口货物实行增值税减半征收政策，中蒙边境地区对减半征收的增值税实行"减半征收、双倍抵扣"政策。2004年，中国国家税务总局依据《中华人民共和国税收征收管理法》第3条和第33条，取消了"双倍抵扣"政策，边境贸易进口环节免征的增值税不能从边境贸易企业的进项增值税抵扣。因此，中蒙边境地区边境贸易小微企业的税收负担越来越重，除了大多数边境贸易企业从事边境贸易的利润减少以外，还直接影响了有些边境贸易小微企业的继续生存问题。

在我国从事中蒙边境贸易的企业多为中小企业甚至是微小企业，国家对边境贸易的税收优惠政策与它们的贸易利润直接关联，目前中国财政部从2008年开始，采用边境贸易专项转移支付的办法替代了原来的边境贸易进出口货物增值税"减半征收"政策。但是边境贸易进出口货物减半征收进

---

① 丰华：《中蒙经贸发展的现状分析及对策研究》，《内蒙古科技与经济》2015年第24期，第4页。

口关税和增值税的政策取消以后，一些从事中蒙边境贸易的企业资金压力加大，直接影响了他们从事中蒙边境贸易的积极性。2008年我国财政部、海关总署和国家税务总局联合下发的财关税〔2008〕90号文件规定，在边民互市贸易市场进行的边民小额贸易额的价值每人每天在人民币8000元以下的，可以免征关税和进口环节税。

随着中蒙两国边境贸易合作领域的不断扩大和快速发展，这种针对边境口岸边民互市贸易的税收优惠政策，早已不适应现在中蒙边境口岸边民互市贸易市场的规模和交易额。我国中蒙边境地区各项边境贸易相关税收优惠政策的规定和具体措施仍需要进一步的规范和完善，中蒙边境贸易企业的经营仍然受到边境贸易税收政策的影响。

边境贸易合作是中蒙战略合作伙伴关系的基础，在当今经济全球化的大趋势下，如何推进中蒙边境贸易合作关系的重要性更加凸显。深入研究和解决好中蒙边境贸易合作关系，不仅关系到我国边境地区经济的发展，也关系到中蒙两国之间的社会政治、经济的稳定以及边疆各民族的和睦团结和稳定的问题。虽然近年来中蒙两国边境贸易合作有了较快发展，但双方边境贸易的发展依然受到一些不利因素的制约和影响。"一带一路"倡议的提出和中蒙双边关系的稳步发展为中蒙边境贸易的发展创造了有利条件，但从中蒙边境贸易的实践来看，仍存在许多影响中蒙边境贸易发展而需要亟待解决的问题。

由于上述影响中蒙边境贸易发展的双边关系、基础设施、政策法律等长期难以解决的问题，我国对外开放和中蒙两国边境贸易交往及文化交流的频繁出现了与边境贸易的进一步发展与原有影响因素之间的矛盾激化，诸多原因引起的中蒙边境贸易纠纷的发生也在所难免。所以本章对中蒙边境贸易发展现状和中蒙边境贸易中存在的问题进行归纳和总结，主要是为下一步中蒙边境贸易纠纷的不同特点与产生原因的分析提供了现实基础。

第四章　中蒙边境贸易纠纷的特点和产生原因

随着"一带一路"倡议的实施和中蒙双边边境贸易合作领域的不断深入和进一步发展，中蒙边境贸易往来日益频繁，中蒙边境贸易纠纷也逐渐呈现上升趋势。这些中蒙边境贸易纠纷如果不能得到快速、合理、有效的解决，将会影响中蒙双边关系的发展和中蒙边境贸易关系的进一步发展。本章结合中蒙两国现行法律制度和已有的案件资料及调查研究，总结出了中蒙边境贸易纠纷逐年增多、主体复杂化、类型多元化、解决方式单一化等特点，进而对中蒙两国边境贸易秩序的不规范、蒙古国对中国贸易政策壁垒、涉外劳务输出门槛高、蒙古国法律制度的不健全、中国从事边境贸易企业管理机制的不完善和中蒙文化差异与冲突等中蒙边境贸易纠纷产生原因进行了分析。

第一节　中蒙边境贸易纠纷的特点

中蒙边境贸易纠纷具有普通边境贸易纠纷特点的同时，还具有其自身的特点。

一、纠纷数量逐年增多

除2020年受新冠疫情影响，中国对蒙古国进出口贸易额有所下降外，中蒙之间的贸易额近两年基本保持稳定增长趋势。中国已连续18年成为蒙古国最大贸易伙伴国。目前，中蒙两国边境贸易各领域的贸易合作已经步入稳步发展时期，边境贸易合作的内涵包括矿产开发、建设工厂、房地产开发、新闻和通信行业等日渐丰富和深化，边境贸易合作形式也日趋多样化。

随着中蒙两国边境贸易的不断发展，边境贸易的形式也从一般的货物贸易向货物贸易、边民互市贸易、跨境经济合作区贸易和经济技术合作贸易等多渠道、多层次的方向发展。从事中蒙边境贸易的企业和边民逐渐多元化和调整中蒙边境贸易法律法规也变得越来越复杂。尤其是中国加入世贸组织（WTO）后，蒙古国在中蒙经济贸易往来中，不断采取贸易保护措施，并且蒙古国边境贸易政策的多变和复杂的法律环境，致使中蒙边境贸易纠纷骤然增多。

案例4-1　2011年7月，中铝公司与蒙古珍宝公司（Erdenes Tavan Tol-goi LLC）签订了蒙古国塔本陶勒盖煤矿东部矿区长期贸易合同，中铝公司以5亿美元的预付款价格获得了蒙古国塔本陶勒盖煤矿优质焦煤7—12年的销售权。2012年5月蒙古国《外国投资战略意义领域协调法》受到蒙古国国内排华势力影响而颁布，该法不仅对矿产业、银行业和金融业等重要经济领域进行特殊规定，还扩大政府或国家和各级呼拉尔对审查外国投资的自由裁量权。2012年10月，蒙古国珍宝公司更换管理人，蒙古国珍宝公司新的公司领导要对原贸易合同约定的煤炭价格提出修改，或者减少出口量，但遭到了中铝公司坚决反对。2013年1月，蒙古国珍宝公司又重新提出这一要求并单方面撕毁合同，要求对双方2011年7月签订的长期贸易协议进行重新谈判。蒙古国珍宝公司认为中铝公司的原贸易合同规定的包销价格过低，合同规定的煤炭包销价格每吨最高为70美元，这个价格远远低于目前煤炭国际市场价格，因此要求提高煤炭供应价格、减少对中铝公司的供应量，但是中铝公司坚决不同意，经中铝公司积极协商谈判，时隔3月双方最终恢复合约①。

案例4-1就是典型的蒙古国投资贸易政策法律不稳定造成的中蒙边境贸易纠纷。有专家认为，蒙古国停止向中铝公司供应焦煤的行为是"能源民粹主义"议员在议会取得控股权后的针对性行为，包括修改前政府与外国投资者签订的开发合同或重新制定修改投资领域法律规定。随着中蒙边境贸易合作领域的不断扩大和深入发展，类似的中蒙边境贸易纠纷呈逐年上升趋势。

笔者在内蒙古二连浩特市人民法院调研过程中也发现近几年二连浩特市人民法院审理的边境贸易纠纷案件数量有逐年上升的趋势。为了进一步了解二连浩特市人民法院中蒙边境贸易纠纷案件数量增多的情况，2017年1月笔者第二次去二连浩特调研，与二连浩特市人民法院民事审判庭的刘法官进行了一次交谈，具体内容如下：

笔者：请问您2016年法院审理的中蒙边境贸易纠纷案件数量有多少？

刘法官：2016年我院审理的边境贸易纠纷案件有18件。

笔者：您审理的中蒙边境贸易纠纷案件主要纠纷类型有哪些？

刘法官：今年审理的边境贸易纠纷案件主要以合同纠纷为主，有4

---

① 《一带一路沿线国家法律风险防范指引》系列丛书编委会编：《一带一路沿线国家法律风险防范指引》（蒙古国），北京：经济科学出版社，2016年，第84—85页。

件是劳务合同纠纷，有8件是货物贸易纠纷，还有6件是在蒙古国矿产开发相关的纠纷。

笔者：您觉得近几年边境贸易纠纷案件数量有什么变化？

刘法官：你说的近几年是哪年开始算？

笔者：就从近3年，2014年开始算吧。

刘法官：这么跟你说吧，以前中蒙边境贸易纠纷大多属于涉外民事纠纷，对涉外民事案件中级人民法院才有管辖权，从2012年起根据最高人民法院对《内蒙古自治区高级人民法院关于指定我区边境地区基层人民法院一审涉外民商事案件管辖权的请示》的批复〔2011〕民四他字第7号和《最高人民法院关于进一步做好边境地区涉外民商事审判工作的指导意见》，我们院开始审理涉蒙古国的边境贸易纠纷。尤其是2014年中蒙两国国家领导人互访后，随着市政府对中蒙边境口岸基础设施的投入和完善，中蒙边境贸易越来越频繁。随着中蒙两国边境贸易领域合作规模的扩大，我们院审理的边境贸易纠纷案件也在逐年增多，需要有专门的涉外案件审理法官来审理相关纠纷。

笔者：您审理的边境贸易纠纷案件一般都是因为什么引起的纠纷呢？

刘法官：不同的纠纷应该有不同的原因吧！但我觉得主要还是因为中蒙两国法律制度、经济、政治制度的差异，从事边境贸易的当事人互不了解相互国家的法律法规，加上蒙古国政策多变、法律制度不稳定的主要原因。

笔者：您觉得这些边境贸易纠纷的审理与普通贸易纠纷有什么区别？

刘法官：简单的货物贸易纠纷、服务贸易（如旅游、交通）与普通贸易纠纷没什么区别，能调解尽量调解结案，但是大多数合同纠纷和矿产资源开发相关的纠纷，就会涉及中蒙两国的法律法规和涉外调查取证、涉外送达等中蒙两国司法协助的问题。

下面以表4-1的形式列举了二连浩特市人民法院近几年审理的边境贸易

纠纷案件的数量。

表4-1　2012—2016年内蒙古自治区二连浩特市法院审理边境贸易纠纷案件

年份	2012年	2013年	2014年	2015年	2016年
案件数	10件	9件	8件	14件	18件

数据来源：二连浩特市人民法院民事法庭提供

以表4-1内蒙古自治区二连浩特市法院2012—2016年审理边境贸易纠纷案件的数据和笔者与刘法官的访谈内容看，近年来内蒙古自治区与蒙古国边境贸易的快速发展，边境地区经济贸易及人员往来日益频繁，中蒙边境贸易参与主体日趋多元化和中蒙边境贸易货物贸易、旅游贸易、文化贸易、边民互市贸易和跨境经济合作区贸易领域的不断扩大，中蒙边境口岸地区法院受理的边境贸易纠纷案件数量明显增加。尤其是近几年随着"一带一路"倡议的实施和中蒙两国政治、经济贸易、交通运输、旅游和人文等各个领域的合作，中蒙两国边境贸易取得全面快速的发展，中蒙边境贸易纠纷的数量也呈现出逐年增多的趋势。

二、纠纷主体多元

中蒙两国的边境贸易不仅数量增加，主体也发生了巨大的变化。早年间，中蒙两国都是实行社会主义计划经济的国家，两国边境贸易早期都是在国家之间和国有企业之间进行的。随着中蒙两国对外开放和双边关系的发展，参与中蒙边境贸易的主体也越来越多，既有边民个体，也有中小企业和小微企业等。

随着参与边境贸易主体的日益复杂，中蒙边境贸易纠纷的主体也变得复杂化，蒙古国正在以"第三国"策略和开放的经济政策面对其他国家。1997年1月，蒙古国加入世界贸易组织（WTO），为适应加入WTO以后的国内贸易市场建设和国际贸易发展，推动贸易自由化，蒙古国大呼拉尔修改了《海关法》，规定从1997年5月1日起施行所有进口商品（酒精等除外）的进口关税税率降为零。1997年7月蒙古国政府通过了《1997—2000年国有资产私有化方案》,主要目的是促使私营企业成分在国家经济贸易中的主导地位[①]。如今,蒙古国对外贸易额已经超过100亿美元,蒙古国境内有两万多家私人公司都被允许开展对外贸易,几乎所有的企业都有权从事中蒙边境贸易活动。

由于参与边境贸易主体复杂,边境贸易纠纷主体也产生了变化。原先只有边境贸易经营权企业之间的边境贸易纠纷,现在包括中蒙边境跨境经济合作区的个体商户之间的边境贸易纠纷、在边民互市贸易市场发生的边民个人之间的边境贸易纠纷、在经济技术合作贸易中发生的企业之间的边境贸易纠纷、在边境旅游服务贸易中发生的个人与企业之间的边境服务贸易纠纷和他们相互之间发生的边境贸易纠纷等。由于中蒙边境贸易合作领域的不断深入和中蒙边境贸易的进一步发展,边境贸易纠纷主体会越来越多元和边境贸易纠纷的类型多样化是必然趋势。

三、纠纷类型多样化

随着中蒙两国经济的快速发展,中蒙边境贸易领域已从早期的农畜产品和矿产品扩展到旅游贸易、科技交流、经济合作和劳务输出等多个方面。随着中蒙边境贸易纠纷主体的多元,中蒙边境贸易纠纷的类型也呈多样化。由于中蒙边境各口岸边境贸易的功能定位不尽相同,所以在边境口岸地区发生边境贸易纠纷的类型也不一样。如根据《内蒙古自治区口岸"十二五"发展规划》二连浩特口岸要发展陆桥和陆港经济,构建中、蒙、俄经济走廊建设,建设区域性国际物流中心、跨境旅游基地、进出口贸易加工地;甘其毛都口岸加快发展进口资源落地加工产业,依托工业园区建设,实现资源过埠转化;阿尔山口岸利用口岸自然景观和温泉基地,打造跨境旅游基地。因此二连浩特口岸边境贸易纠纷主要集中在货物贸易中的货物买卖合同、货物运输合同、租赁合同纠纷三种类型;甘其毛都口岸边境贸易纠纷主要集中在企

---

① 黄健英:《一带一路沿线国家经济》(丛书)之《蒙古国经济》,北京:中国经济出版社,2016年,第76页。

业与车主之间的分期付款合同、买卖合同、承揽合同、运输合同、劳务合同纠纷五种类型；像阿尔山口岸与蒙古国边境贸易主要以旅游服务贸易为主，没有铁路运输，所以阿尔山口岸边境贸易纠纷主要以旅游服务贸易纠纷为主。

因为中蒙边境各个口岸发展定位不同，中蒙边境贸易纠纷的类型也呈现出多样化的特点。中蒙边境贸易比较活跃的陆路口岸二连浩特、策克等口岸本身边境线比较近，有经常性的边民互市贸易和边民往来，所以这些口岸一般以货物贸易为主，纠纷类型主要以买卖合同、运输合同、劳务合同等合同纠纷和债权债务纠纷居多。从表4-2二连浩特市人民法院近几年受理的涉蒙古国边境贸易纠纷案件统计数据和类型来看以合同纠纷案件居多①。主要包括产品质量纠纷、拖欠货款纠纷、劳动报酬纠纷以及损失赔偿而引发众多类型的边境贸易纠纷。

以表4-2中蒙边境口岸二连浩特市人民法院2012—2016年受理的涉蒙古国的边境贸易纠纷案件为例，二连浩特市人民法院受理的边境贸易纠纷案件数量自2014—2016年逐年增多的同时，中蒙边境贸易纠纷类型自2012—2016年越来越呈现出多样化趋势。

表4-2 二连浩特市人民法院2012—2016年受理的边境贸易纠纷案件

年 案件数量和类型	2012年 10件				2013年 9件			2014年 8件			2015年 14件				2016年 18件		
	损害赔偿	买卖合同	民间借贷	租赁合同	货运代理合同	买卖合同	工程施工合同	离婚	离婚	买卖合同	货物运输合同	买卖合同	租赁合同	劳务合同	货物运输合同	劳务合同	货物运输合同	工程施工合同
	6件	2件	1件	1件	3件	2件	2件	2件	2件	3件	3件	6件	2件	3件	3件	4件	8件	6件

---

① 《涉外案件受理情况及典型经验和做法》（调研报告），内蒙古自治区二连浩特市人民法院网，发布时间2015年5月20日。

第四章　中蒙边境贸易纠纷的特点和产生原因

甘其毛都口岸对应的是蒙古国的嘎顺苏海图口岸，距离12.8公里。甘其毛都口岸对面是距离190公里的南戈壁省塔本陶勒盖煤田、距离70公里的奥尤陶勒盖金铜矿和哈尔－陶勒盖铅矿等蒙矿，是距离蒙古国两大矿山最近的"陆路口岸"。由于蒙古国不具备加工矿产品的水电等生产要素，甘其毛都口岸成为国内外蒙古国矿产资源的最佳通道和国际边贸。甘其毛都向北辐射俄罗斯、蒙古国、南连包头到黄骅港；经过经济走廊运往山东、唐山和上海等地区，甚至可以出口到日本和韩国等国家。成为蒙古国南戈壁省能源资源输出最近的出海通道，是中蒙经济大动脉。煤炭运输进出车辆的通关能力每天可以达到1600多辆[①]。随着甘其毛都口岸的繁荣和发展，边民互市贸易迅速发展拉动了当地的相关产业，为当地的经济发展注入了新活力。口岸街头楼房林立，附近商场、旅社、餐厅、娱乐场所等成为一体的互贸服务区。因甘其毛都口岸来往车辆日益增多，中蒙两国习俗和法律意识的不同，口岸地区边境贸易纠纷频发。双方边境贸易合同不规范，中方与蒙方签订的大多是意向性协议，不受法律保护，由于蒙方政策变动多、合同无法履行等引起不同类型的边境贸易纠纷。

表4-3　乌拉特中旗人民法院2013—2015年受理的边境贸易纠纷案件类型

案件总数	770件													
类型	分期付款买卖合同	租赁合同	买卖合同	民间借贷	财产损害赔偿	运输合同	工程施工合同	承揽合同	保险合同	修理合同	一般人格权	劳务合同	供水、电合同	不当得利	个人合伙协议	涉外案件

---

① 阿拉坦：《蒙古国"发展之路"与中蒙合作——基于甘其毛都口岸和满都拉口岸调研情况》，见"开放与包容：文明互鉴与'中俄蒙经济走廊建设'论坛"论文，呼和浩特，2017年9月，第219页。

续表

案件总数	770件														
数额	92件	49件	117件	134件	6件	46件	14件	30件	9件	17件	8件	32件	3件	5件	7件	1件

数据来源：乌拉特中旗人民法院提供

从表4-3中蒙边境口岸-甘其毛都口岸所在地乌拉特中旗人民法院2013—2015年受理的各类边境贸易纠纷案件的类型上也可以看出，随着中蒙边境贸易合作领域的不断扩大和中蒙边境贸易的全面发展，边境贸易纠纷类型展现多样化的趋势。从表2-3也可以看出2013—2015年，甘其毛都口岸所在地乌拉特中旗人民法院审结的770件案件中，分期付款买卖合同纠纷案件和买卖合同纠纷案件共有209件，占总数的27.14%。所以甘其毛都边境贸易纠纷中买卖合同的类型也呈现多样化的趋势。

四、解决途径比较单一

大多数中蒙边境贸易纠纷是通过当事人私下自行解决的，即"私了"。因为中蒙两国相邻边境地区地理特征相近，边境两侧的蒙古族同出一源，在中蒙边境小额贸易，尤其是边民互市贸易市场发生的货物贸易纠纷，因其临时性、跨界性、区域性等特点，很多当事人抱有"赔就赔了""被骗也就算了""自认倒霉"的态度。

蒙古族作为草原游牧民族，在严酷的自然环境和跌宕起伏的民族发展历史过程中，频繁的与外文化交流，形成了热烈奔放的精神、自由豪爽的性格、兼容并蓄的博大胸怀和包容开放的文化心态[1]。在这种语言相通、生活风俗习惯相似等情况下，中蒙两国共享的历史文化资源中，草原的"安达"

---

[1] 张文香：《蒙古族习惯法与多元纠纷解决机制——基于鄂尔多斯地区的调查》，博士学位论文，中央民族大学，2011年，第31页。

（anda）关系，昭示着平等的伙伴关系，这种同根同源的草原牧区依然存在的"伙伴"精神，所以在中蒙两国边境地区的跨界蒙古族对于他们之间边境贸易纠纷的态度主要是以"忍让""和谐"为主。实在忍无可忍或者边境贸易额较大的时候他们才会寻求第三方（他们共同的"安达"或相关政府部门）的调解，通过国家司法诉讼解决边境贸易纠纷往往是他们处理边境贸易纠纷时的最后选择。

笔者2016年10月在中蒙边境策克口岸边民互市贸易市场调研时发现，他们的贸易方式是最原始的"一手交钱一手交货"的方式，可以像在市场买菜一样讨价还价，因为中蒙边境两侧蒙古族语言相通，所以交流起来比较方便。如果用中文交流他们会用"计算器"报出货物价格，有时候因为双方出的价格不同，也会存在强买强卖的现象，可是只有数量有限的中蒙边境贸易纠纷是通过口岸地区的海关、相关部门和组织的调解解决的，通过仲裁或诉讼的方式加以解决的边境贸易纠纷为数不多。

2005年以来，内蒙古自治区法院审理的涉外案件纠纷（含边境贸易纠纷）有明显逐年上升的趋势，如2005—2009年之间内蒙古自治区法院审理的边境贸易纠纷案件共计304件，分别2005年收案39件，2006年收案49件，2007年收案68件，2008年收案74件，2009年收案74件，为自治区边境贸易的健康发展提供了有力的司法保障。但与实际发生的边境贸易纠纷数量相比，仍然相差甚远，而通过仲裁解决的则更少（具体原因在本书第三章有详细分析）。笔者在内蒙古自治区中蒙边境口岸调研时，内蒙古自治区仲裁调解中心的负责人告诉我们，2013年该中心只调解了两件产品质量纠纷。在调解中竟然还出现了蒙方黑社会介入并威胁仲裁员的情况。在珠恩嘎达布其口岸边境贸易企业的调研中，企业负责人还提出了"仲裁无用论"，否认仲裁的作用[①]。

---

① 《关于内蒙古口岸发展及涉外审判疑难问题调研报告》，内蒙古自治区高级人民法院提供，2013年。

五、涉及的法律问题复杂

在中蒙边境贸易发展过程中依据和执行的相关法律制度主要有中央和地方两个层面：

（一）我国目前在中央层面调整边境贸易的法律法规和规章制度

中央层面调整边境贸易相关的法律法规主要包括：我国宪法、民族区域自治法、边境贸易法、对外贸易法和海关法。与此同时，国家制定和颁布了大量的行政法规和政策来调整边境贸易。

《宪法》序言对我国边境贸易的发展做了原则性的规定，规定了我国口岸对外贸易遵循的基本原则。而《宪法》第18条可以视为我国边境口岸对外开放、边境贸易、边境投资的根本性依据。1984年《中华人民共和国民族区域自治法》出台后，关于边境口岸对外贸易发展的规定主要体现在两个方面的内容：一是《民族区域自治法》第19条规定赋予了民族自治地方制定自治条例和单行条例的权利。二是《民族区域自治法》第25条、第31条规定赋予了民族自治地方的经济自治权和对外经济贸易权，首次提到了涉及民族地区边境贸易问题的概括性规定[①]。这也正是党的十八大提出的"一带一路"倡议中把内蒙古自治区建设成向北开放的重要桥头堡和充满活力的沿边开放带的法理依据。

随后专门针对边境贸易制定和颁布的《边境小额贸易暂行管理办法》，作为全国性的文件，对边境贸易活动的目的、原则和优惠政策等内容均做出了详细规定，标志着中国的边境贸易初步纳入规范化管理渠道。1994年《中华人民共和国边境贸易法》颁布，明确鼓励和发展对外贸易，并且在第59条和第68条特别强调对民族自治地方和经济不发达地区发展对外贸易给予扶持，成为民族地区行使对外贸易自治权的重要原则和依据。2004年修改后的《中华人民共和国对外贸易法》，设专章对边境贸易做出规定，成为我国制定各项边境贸易政策的法律依据。

1996年国务院颁布《关于边境贸易有关问题的通知》（国发〔1996〕第

---

① 《中华人民共和国民族区域自治法》第31条："与外国接壤的民族自治地方经国务院批准，开展边境贸易。民族自治地方在对外经济贸易活动中，享受国家的优惠政策。"

2号),对边境小额贸易和边民互市贸易做出了明确的规定;在西部大开发的过程中,国务院分别于2000年和2004年颁布了《关于实施西部大开发若干政策的通知》(国发〔2000〕第33号)和《国务院关于进一步推进西部大开发的若干意见》(国发〔2004〕第6号),明确提出实施边境贸易优惠政策,促进西部边境地区与周边国家的贸易健康发展;2005年《国务院实施〈中华人民共和国民族区域自治法〉若干规定》(国令第435号)中,将边境地区建设纳入经济和社会发展规划。

此外,国家外汇管理局、财政部、国家发改委以及海关总署与外贸工作相关的各部委也颁布了一系列专门的部门规章,从资金结算、账户管理、出入境检疫等多个角度入手推动我国的边境贸易向更高层次迈进。我国关于口岸边境贸易的部门规章共189部,对于上述部门规章可以依据规定内容和制定机关的不同进行分类。一是专门性的执法管理的相关规定,例如《口岸艾滋病预防控制管理办法》《交通运输部关于加快推进交通电子口岸建设的指导意见》等。二是规范边境贸易的相关规定,例如《国家外汇管理局关于边境贸易人民币结算业务中有关问题的批复》《财政部关于边境贸易进口税收政策的通知》等。此类部门规章的主要制定机关见图4-1。

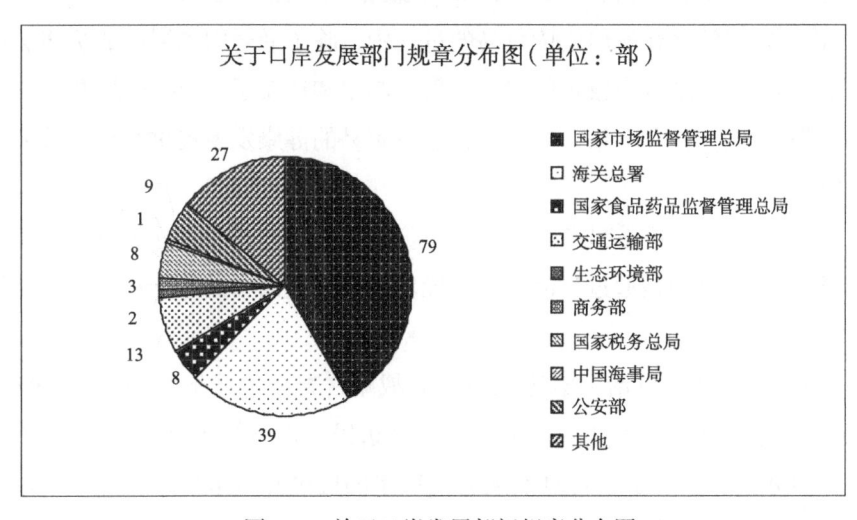

图4-1 关于口岸发展部门规章分布图

我国现行行政法规关于口岸及边境贸易发展的规定共39部。根据其规范内容可以分为两大类（如图4-2）：一是关于口岸及边境贸易发展的一般性规定，二是关于口岸建设发展的相关规定。除了上述两类边境贸易相关的行政法规以外，应该还有一类是关于民族区域自治地方边境贸易的相关规定。

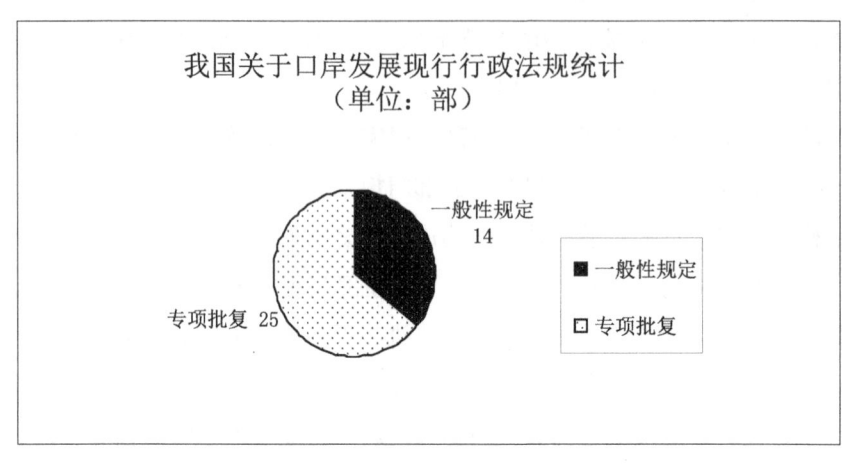

图4-2 关于口岸发展行政法规

（二）内蒙古自治区开展边境口岸贸易的地方性法规梳理

内蒙古自治区在发展边境贸易的过程中，除了遵守中央层面的法律法规和规章制度外，结合内蒙古的实际区情，制定和颁布了一系列鼓励和支持边境贸易发展的文件和政策，为内蒙古边境贸易的健康发展提供宽松的政策环境和保障。

1.内蒙古边境贸易起步阶段。这一阶段主要是明确和完善了对边境贸易的具体内容，目的是通过自治区对边境贸易政策上的帮助和支持，全面恢复和发展边境贸易。

为了贯彻执行自治区沿边经济发展战略，繁荣边境地区经济，1992年内蒙古自治区政府颁布了《内蒙古自治区边民互市市场暂行管理办法》（内政发〔1992〕147号），对自治区边境口岸的边民互市市场、边境口岸边民互市贸易点以及交易的商品种类等内容进行规范，极大地满足和适应了便民发展生产和生活的需要。1996年出台了《内蒙古自治区政府关于印发〈内蒙古自治区边境小额贸易和边境地区对外经济技术合作实施办法〉的通知》（内政传发〔1996〕9号），对内蒙古边境小额贸易企业和边境地区对外经济技术合作企业销售进口货物减半征税的具体操作办法进行了详细的规定，支持了边境贸易经济的发展。1999年在《内蒙古自治区人民政府批转外经贸厅关于进一步加强全区外经贸工作意见的通知》（内政字〔1999〕176号）中，强调要充分发挥内蒙古自治区的地缘优势和口岸优势，加速调整出口货物贸易结构，提高出口商品质量，积极鼓励和支持边境贸易企业开展境外加工贸易，带动国产设备、技术和原材料出口。2000年《内蒙古自治区人民政府批转自治区外经贸厅关于进一步加强对外贸易经济合作工作意见的通知》（内政发〔2000〕75号）文件，为了配合国家西部大开发战略的实施，对内蒙古对外贸易经济合作问题作出要求，特别强调在我区满洲里、二连浩特两个边境口岸城市建立满洲里中俄边境自由经济合作区和二连浩特中蒙边境自由经济合作区，作为我区实施西部大开发和发展外向型经济的龙头。

2. 内蒙古边境贸易综合治理阶段。随着边境贸易市场的扩展和沿边口岸的不断深入，边境贸易在取得显著绩效的同时也逐渐滋生一些不良现象，为了有效处理边境贸易管理混乱的问题，这一阶段出台了旨在治理和整顿边境贸易秩序的政策。

2002年《内蒙古自治区人民政府办公厅关于进一步加强口岸管理工作的通知》（内政办字〔2002〕167号），针对中蒙双方少数不法商贩采取各种方式进行畜产品走私、贩私、威胁、恐吓口岸联检人员、冲闯关卡的事件，从整顿口岸工作秩序、严厉打击违法犯罪活动、建立检查区与待检区等方面入手，制定了一系列确保口岸健康有序的措施。2005年《内蒙古自治区人民政府办公厅关于印发自治区打击季节性口岸蚂蚁搬家式走私活动专项行动实施方案的通知》（内政办字〔2005〕195号），充分发挥自治区边境各个口岸管理部门的职能，打击我区边境口岸的走私活动，保护合法、正常的贸易往来，有效遏制了内蒙古口岸走私活动势头。

3. 内蒙古边境贸易完善和发展阶段。内蒙古的边境贸易经过一段时间的发展和经验教训的总结，已经形成了多维度的格局，逐步走上健康发展的道路。为了推动边境贸易向更高层次迈进，内蒙古结合新时期涉外区情，制定了一系列的配套政策，为边境贸易的快速发展保驾护航。

2013年《内蒙古自治区人民政府办公厅关于促进外贸稳定增长的实施意见》（内政办发〔2013〕61号），提出要进一步促进自治区对外贸易的稳定增长，应当扩大出口信用保险规模和覆盖面，提高贸易便利化水平，进一步加强边境贸易，科学制定自治区边境口岸发展总体规划，全面考虑各个边境口岸规模、分布的地形布局和定位，充分发挥自治区边境口岸资源的作用。2014年《内蒙古自治区人民政府办公厅关于促进外经贸和口岸发展的实施意见》（内政办发〔2014〕84号），就进一步促进自治区外经贸和口岸发展，从优化外贸结构、改善外贸环境的角度、强化政策保障等角度详细制定实施意见，并制定具体部门负责实施和运行。2015年出台《内蒙古自治区人民政府关于促进口岸经济发展的指导意见》（内政发〔2015〕20号），主要深入贯彻落实习近平总书记考察内蒙古重要讲话精神和国家关于扩大向北开放、建设丝绸之路经济带、深化同俄蒙各领域互利务实合作的重大决策部署，全面落实自治区"8337"发展思路，构建开放型经济新体制，提出指导意见，提出完善口岸经济产业布局、深化与俄蒙经贸合作、提升口岸发展水平、加强口岸保障能力建设。

2017年颁布了内蒙古自治区人民政府办公厅关于印发《内蒙古自治区边民互市贸易区管理办法（试行）》的通知（内政办发〔2017〕38号），目的是进一步贯彻落实国家边民互市贸易相关政策，推进内蒙古自治区边境口岸边民互市贸易健康、规范发展。此次管理办法是借鉴和分析总结了其他省市边民互市贸易区成熟的管理经验和做法，然后根据内蒙古二连浩特和满洲里边境口岸互市贸易区的具体规模和管理实践，征求了内蒙古自治区边境口岸相关管理部门的汇总意见后才颁布施行的。2017年4月15日起施行的《管理办法（试行）》（内政办发〔2017〕38号）结合内蒙古自治区边境口岸特色的创新之处，主要体现在"边民"的定义范围、边民互市贸易免税政策商品的原产地范围、进入边民互市贸易区商品管理办法、边民互市贸易区管理机构的设立方面。尤其是该办法第16条关于边民可成立互助组开展互市贸易方面的规定①。这一规定一方面体现出自治区边民互市贸易的创新发展,另一方面与国家和自治区的精准扶贫政策相契合,充分发挥了边境贸易业务工作助力我国西部边境地区的扶贫工作、服务民族自治地方经济的促进作用。

从上述中央层面和自治区地方层面中蒙边境贸易相关的法律法规和规章制度看,中蒙边境贸易纠纷涉及的法律问题的复杂性,此外中蒙边境贸易发展过程中除了依据上述我国边境贸易相关法律规范以外,还包括蒙古国现行有效的法律法规,中蒙两国参加的国际条约,中蒙两国签署的双边、多边协定和中蒙两国发表的联合声明等具有法律效力的文件及国际法、国际私法和国际商业惯例,等等。

随着"一带一路"倡议的实施和蒙古国"草原之路"计划的对接,中蒙两国作为世界贸易组织(WTO)成员国,应根据加入WTO谈判的要求,积极地修订国内边境贸易相关的法律法规,才能适应经济全球化的发展趋势。相对于我国与蒙古国关系迅猛发展的势头,我国对蒙古国法律的研究和认识还比较滞后。

第二节　中蒙边境贸易纠纷产生的原因

一、边境贸易秩序不规范

中蒙边境贸易秩序混乱已成为制约中蒙两国边境贸易快速发展的主要因素,也是中蒙两国边境贸易纠纷产生的主要原因。中蒙边境贸易至今未能形成完全有效的行业协调和管理机制,中国对蒙古国的边境贸易经营秩序比较

---

① 《内蒙古自治区边民互市贸易区管理办法(试行)》(内政办发〔2017〕38号)第16条:"边民可成立互助组,与精准扶贫相结合,通过互助形式开展互市贸易。"

混乱，往蒙古国边境贸易市场出口伪劣商品、恶性竞争、低价竞销等破坏正常边境贸易秩序行为十分普遍[①]。如中蒙两国的一小部分边境贸易经营者只顾个人利益，从中国购买假冒伪劣产品销往蒙古国，甚至通过走私。有时，不谙熟各国不同市场国情和具体法律法规，出国进行边境贸易过程中容易集中在一个领域或一种贸易类型上，在蒙古国边境贸易市场上常常形成中国边境贸易经营者之间的恶性竞争。

案例4-2　2015年年底蒙古国某国企低门槛招标筑路机械设备，结果各国十几家企业中竟然有8家中国企业参加，大家为了中标违背国际市场价格规律相互砍价报标书价，个别企业还邀请蒙古国政府官员团来国内"考察"。

也有部分中国边境贸易经营者利用中国部分产品的价格优势展开不平等竞争，特别是以偏高的价钱从蒙古国国内市场大量收购羊绒，使蒙古国轻工业及出口增长受到一定影响。在蒙古国市场上的中国纺织品、服装商家之间竞相削价，这些行为不仅扰乱了中蒙边境贸易秩序，而且损害了中国商家的利益，甚至还对生产厂家的利益造成损害。在贸易秩序无序的中蒙边境贸易市场中，很多边境贸易商贩在利益驱动下，销售不合格产品。

从蒙古国方面看，在中蒙两国通商口岸边境贸易市场上，由于国家限制较小，因此中蒙两国边境接壤的口岸所在地，不同的蒙古国商社类型十分繁多。在具体的边境贸易中，很多蒙古国的企业因为资金不足经常无法履行合同，甚至用各种手段欺骗拖欠中国企业的货款。因缺乏国际惯例运作中蒙边境贸易市场的经济贸易管理方法和运行技巧，严重缺乏国际贸易相关法律法规知识和边境贸易经营者的风险防范意识薄弱，容易陷入边境贸易的经济骗局，引起不必要的边境贸易纠纷。

案例4-3　2011年蒙古国某公司用500吨含金成分的金精粉欺骗了

[①] 潘峰：《中俄边境贸易争端解决机制研究》，硕士学位论文，哈尔滨工程大学，2008年，第20页。

6家中国公司预付款120万美元,最后公司"破产",货给了一家,迄今还赖欠着5家中国企业的预付款。

在中国边境贸易市场上,蒙古国矿产资源企业也相互压价,以致造成中国对蒙古国矿产企业采取的反倾销调查。在这样的边境贸易进出口环境中,中小企业及小商小贩的无序竞争使得贸易秩序混乱,这对中蒙两国边境地区的稳定和边境贸易的健康发展十分不利,同时从长远来看,也为中蒙边境贸易纠纷的产生埋下隐患。

二、受蒙古国用工制度的限制

中国企业赴蒙古国承包工程时,难免遇到工程和劳务纠纷。蒙古国关于劳工的法律制度主要由1995年5月14日颁布的《劳动法》规定,该部《劳动法》通过先后经历了18次修订。为将《劳动法》协调的关系与蒙古国劳动力市场和雇主雇员之间纠纷的实际情况挂钩,保护劳动者权利和雇主方的权益,蒙古国政府已于2015年6月20日将《劳动法》修正案提交至蒙古国大呼拉尔讨论[①]。《劳动法》规定劳动合同应与法规、集体合同、协议的规定相符,低于法规、集体合同、协议规定条件的劳务合同条件无效。

在蒙古国的外资企业需要雇佣工作人员,需要遵守《蒙古国外商投资法》第24条关于劳动和社会保护关系的相关规定。为了保护本国劳动力就业机会,蒙古国要求在蒙古国的外国投资企业也要优先录用蒙古国的本国公民。但是蒙古国国内技术人员短缺而且工人技术水平一般,国内劳动力市场上劳动力供不应求,导致国内对技术工人需求量较大和国内高失业率并存,所以蒙古国政府对于引进外国劳务出台一系列的限制性规定。有关外国公民法律地位,2010年9月1日开始实施的《蒙古国外国公民地位法》,详细规定了外国公民在蒙古国的法律地位和社会关系,并协调与外国公民入出境、过境以及在蒙古国居留有关的关系。根据蒙古国《劳动法》和《蒙古国输出

---

① 《一带一路沿线国家法律风险防范指引》系列丛书编委会编:《一带一路沿线国家法律风险防范指引》(蒙古国),北京:经济科学出版社,2016年,第119页。

劳动力与引进外国劳动力及专家法》等相关法律规定，在蒙古国雇佣外国劳动力以及专业技术人员应当向当地的劳动部门提出申请，经政府主管部门审核合格后方可取得劳务许可。一般情况下，劳务许可的有效期为1年①。如需要延期，应当由雇主向相关部门提出申请。

对外国人从事劳动活动实行外国劳工许可证（俗称"打工卡"）制度。在蒙古国申请工作准证时，需要提供以下文件：外籍劳务需求证明，承担的工作范围、期限、劳动特点、住所、专业技术、经验、能力说明文件；经公正的企业登记证或外国投资企业登记证副本；与外国法人签订的引进劳务合同；外国劳务护照复印件；外国劳务技术证明副本；劳务审批部门的确认函等②。根据《蒙古国外国公民地位法》规定，外国公民在蒙古国因私居住人员不得超过蒙古国总人口的3%，一个国家在蒙古国因私居住人员不得超过蒙古国总人口的1%。雇主方雇佣外国人员需向有关部门申领工作许可。工作许可实行配额制。每个行业的工作许可可配额是不同的，其中矿产、建筑等主要领域用工单位外国劳务人员比例分别为1/5和1/7（当地员工总数少于20人时，只可以雇佣1名外国员工）。此外，获批工作许可的用工单位每月按照雇佣外国员工向蒙古国政府缴纳最低工资标准两倍的就业岗位费用，目前是28.08万图格里克，在矿业领域外籍劳务岗位费为蒙古国最低工资标准的10倍。用工单位按照上述规定向蒙古国劳务主管部门提出申请获批并缴纳有关岗位费用才可以为劳务人员申办劳务签证，前往蒙古国合法务工。在蒙古国从事矿业开发的边境贸易企业雇佣的外国公民不得高于全部员工数量的10%，如果超过这个比例，则每个超额员工每月缴纳相当于最低劳动工资10倍的费用③。

蒙古国的劳务市场非常封闭，相当于全蒙古国只有100万适龄的劳动人口。与蒙古国进行经济合作贸易的很多外资企业，需要从国外录用大量相关产业的高级专业技术工作人员，尤其是矿产资源勘探、开发，建筑工程和能

---

① 《蒙古投资与经贸风险分析报告》，《国际融资》2012年第6期，第63页。
② 江苏省南通市司法局、上海对外经贸大学组织编写：《"一带一路"国家法律服务和法律风险指引手册》，北京：知识产权出版社，2016年，第83页。
③ 《蒙古投资与经贸风险分析报告》，《国际融资》2012年第6期，第63页。

源产业要求的专业技术人员。但是，蒙古国对于劳动力的引进又有严格的限制。主要的限制措施是外资企业需要向政府申请劳工配额。按照蒙古国《劳务限制法案》的规定，从国外录用一个劳务人员，录用该外籍人员的企业需要向蒙古国政府缴纳岗位占用费1500元人民币。该法案从2011年开始实施，比如说一个中国中型企业劳工配额如果在1000—2000人，每年需要缴纳的岗位占用费就高达几百万元人民币，这是一笔相当高昂的费用。所以在中蒙两国投资和贸易方面合作的日益加深，中蒙边境贸易过程中尤其是建筑工程和矿产开发合作过程中，中国企业因我国公民以合法身份在蒙古国工作的程序烦琐为由，与蒙方企业签订的劳务输出合同常不符合蒙古国《劳动法》的规定。

案例4-4　2015年中国矿产开发企业与蒙古国矿产企业，双方约定在蒙古国境内承包一矿产开发项目，需要从国内输出务工人员，但是，出境门槛过高不易办理，为能够尽快将务工人员输出境外，中方企业为外出务工人员办理了为期一个月的"旅游证"。结果，因承包矿产项目遇到困难，导致务工人员"旅游证"到期被驱逐出境。务工人员的工资以及损失赔偿问题中方企业诉诸法院解决。

与案例4-4类似的中蒙边境贸易劳务纠纷经常发生。因此，在中蒙边境贸易现实中，受蒙古国用工制度的限制，很多建筑工程和能源开发贸易合作过程中，中方企业铤而走险，签署不规范的劳务合同，导致在蒙古国经常存在我国的不合法务工人员。由于中蒙两国未签署"劳务准入"协议，导致劳务输出合同不规范，不符合蒙古的相关法律规定。这为将来发生边境贸易劳务纠纷和为我国涉外务工人员的维权留下了隐患。

三、蒙古国对中国边境贸易政策壁垒

2012年蒙古国议会通过的外国投资者的法案①，该法案限制了中国企业在蒙古国进行矿产资源开采。中国企业在蒙古国从事矿产资源开发领域的边境贸易合作，必须以与蒙古国企业合资的形式进行，并且中国企业的股份不得超过总额的40%。这种边境贸易政策壁垒，使与蒙古国长期合作的中国煤炭企业陷入困境②。2012年6月4日蒙古国大呼拉尔通过的《战略领域外国投资协调法》，将矿产资源、金融、媒体通信三个领域列为关系国家安全的战略性领域，并对外国投资者、尤其是外国国有投资者或者含有国有成分的投资者投资战略领域设置了严格的限制。该法律生效后，严重影响中国投资者对蒙古国的投资信心，随着蒙古国贸易法律政策的不断变化，其矿产资源产品出口受到影响，引发中国企业与蒙古国矿产开发或销售合同引起的投资贸易纠纷。如上述案例2-1就是典型的蒙古国对中国贸易政策壁垒引起的边境贸易纠纷。

蒙古国政府在政策制定上的不稳定性和在能源开发上经常出现边境贸易壁垒，鼓励了蒙古国企业利用政策壁垒不履行合同，导致我国边境贸易企业合法权益受损③。长此下去，中方边境贸易企业在中蒙边境口岸投资建设的大量基础设施建设、矿产资源的勘探与开发等经济技术合作贸易，会因为蒙古国对中国边境贸易政策壁垒而停止生产，造成巨大的浪费，甚至导致众多人面临失业，与企业产生劳务报酬和劳务合同纠纷，影响中蒙边境地区社会发展和稳定。

---

① 蒙古国《外国投资者投资于具有战略重要性部门的商业实体的管理法案》也称《SFI法案》，该法案规定，限制外国企业在蒙古国开采资源，外国企业如果想进入蒙古国进行资源开发，就必须通过与蒙古国企业合资的形式进行，并且合资的股份不得超过总额的40%。

② 吴楚克、赵泽琳:《中蒙边境口岸贸易现状研究》,《文山学院学报》2013年第1期，第44页。

③ 吴楚克、赵泽琳:《中蒙边境口岸贸易现状研究》,《文山学院学报》2013年第1期，第44页。

四、蒙古国边境贸易法律制度不健全

蒙古国法律法规不确定性大，规章制度和立法过程缺乏透明度，地方保护主义盛行，尤其是蒙古国的《矿产法》修改多次，而中国对蒙古国经济技术合作贸易投资大部分集中在矿产领域。2006年新矿产法的颁布，使得中国经济技术合作贸易企业在蒙古国进行矿产资源投资开发过程中遇到了很多阻碍。因为中蒙两国都属于社会经济转型发展时期，双方在边境贸易市场运作方面都还缺乏成熟的经验，所以在边境贸易法律制度上，都没有为两国进行边境贸易合作和发展提供有效的法律保障。

因为蒙古国政局不稳定，所以蒙古国政府法律的修订变化较大。近年来，蒙古国虽然发布了很多有利于外国投资者的法律，但执法不严，投资者的利益缺乏保障。虽然，2012年蒙古国修改了与矿产相关的环境保护法律法规，但相应的实施细则还没有出台，具体操作性不强。关于矿产资源开发的相关内容在《蒙古国矿产资源法》做了具体详细的规定，主要规定有矿产资源所有权、勘探许可持有人权利、开采的前期工作、申请矿产资源开采许可证的要求、开采许可证持有人的权利义务、投资合同、签订投资合同、勘探许可持有人在自然环境保护方面承担的义务、开采许可证持有人在自然环境保护方面承担的义务等。该法第47条规定："除了内销的煤炭和普通矿产资源外，其他矿产资源补偿费相当于从该矿产开采销售的，为销售而发运或开发产量销售额5%。内销的煤炭和普通矿产资源补偿费相当于从该矿产开采销售的，为销售而发运或开发产量销售额2.5%。"[①] 所以《蒙古国矿产资源法》只规定了在勘探许可证和开采许可证的获取和费用的内容，但对矿产资源的采矿、探矿的具体操作方法却没有相关的法律法规，这不仅造成了法律法规的缺失，也给相关部门的权力滥用留下了一定的空间。蒙古国边境贸易法律体系的不完善，矿产开发相关政策法律的不确定性，将造成边境经济技术合作贸易的效率低下，影响中国矿产投资和开发企业的积极性。

我国边境贸易的加速发展和参与边境贸易主体的复杂化以及蒙古国边境

---

① 白永利：《研究蒙古国法律 便利中蒙长期合作》，"开放与包容：文明互鉴与'中俄蒙经济走廊建设'论坛"论文，呼和浩特，2017年9月，第51页。

贸易企业法人更迭频繁的情况下，双方边境贸易企业之间经常出现上当受骗和合同不继续履行而拖欠债务的边境贸易纠纷。并且蒙古国政府高层领导换届比较频繁，新政府对原政府的政策法律不认可，导致边境贸易相关法律法规的延续性和执行力降低，对外承诺和协议常常得不到履行。这不仅对边境贸易合作者的利益造成损失，也会引起中蒙边境贸易纠纷的产生，严重阻碍了中蒙双方边境贸易合作和发展。

五、中蒙边境贸易企业管理机制不健全

（一）参与边境贸易企业层次参差不齐

从上述第三章中蒙经济贸易发展现状，我们可以看出虽然中蒙两国边境贸易额在不断上升，中国对蒙古国的贸易额和投资额也在逐步提高，但从总体来看，迄今尚未形成较大规模和效益。中国企业主要把资金投向了蒙古国的服务业、餐饮业和农产品加工等第三产业和劳动密集型产业，更多通过原材料、初级产品加工、机电产品、餐饮服务的进出口以及较小规模的矿产投资开发等来实现。中国在蒙古国从事边境贸易的企业中有实力的大企业和投资大的战略性项目仍然较少，投资领域分散、合作层次比较低、贸易结构和投资方式过于单一化，不但公司规模都比较小，而且科技含量指数十分低，这些都难以有效地打开蒙古国国内市场，不利于中蒙边境贸易的深入发展和有效防止中蒙边境贸易纠纷的发生。

（二）边境贸易企业法律风险告知机制不完善

对从事中蒙边境贸易的企业和市场经营户没有系统、定期进行对外经贸知识宣传培训和及时宣传中蒙两国边境贸易相关法律法规，没有完善的了解外贸机构和外商资讯信息的平台，没有建立健全的外商信用信息采集和评估制度导致从事中蒙边境贸易的当事人法律意识普遍不高。中国企业对蒙古国的投资政策、法律法规和市场状况还不了解、不熟悉，依法经营的意识有待提高，对经济技术合作贸易项目的前期可行性考察研究做得不充分，风险防范意识不够。对边境贸易企业在蒙古国投资矿产开发等项目的具体运营和管理的经验不足。加上中蒙边境贸易合作的内容、形式、经营方式等都不够规

范，交易双方习惯采取口头形式订立合同，不涉及仲裁条款或几乎不约定仲裁条款，即使纠纷发生后也很少达成书面的仲裁协议，这使得国际商事仲裁缺乏前提条件，不能在中蒙边境贸易纠纷解决中充分发挥作用。

（三）中蒙边境贸易企业商业素质有待提高

随着两国对外开放的不断深入和"一带一路"倡议的实施，从事中蒙边境贸易经营者越来越多。在调研中发现较多小微企业经营者素质参差不齐，经营管理能力高低不一。企业内部管理和监督制约机制不完善，导致从事中蒙边境贸易合作的中国边境贸易经营权的企业和个别边民商家只顾个人眼前的利益，不遵守国际贸易秩序和边境贸易法律法规，在中蒙边境贸易的经营过程中无序竞争、恶性压价、无规则操作，向蒙古国推销假冒伪劣产品，使蒙古国人民深受其害，也对之深恶痛绝。这不但产生越多的中蒙边境贸易纠纷，同时对双边贸易合作带来了负面影响。

另外，蒙古国以游牧民族为主，在长期的游牧生活中早已与自然环境融为一体，所以特别重视对自然生态环境的保护。在蒙古国从事矿产资源开发等方面的经济技术合作贸易，一定要了解相关环境保护法律法规的规定和当地蒙古国居民的环境保护的风俗习惯，避免产生不必要的边境贸易纠纷。而有些中国边境贸易投资合作者，只追求经济效益，往往忽视了保护环境。在一些地方建设桥梁、道路和其他公共设施时环保工作没有做到位，破坏了该地区的草原植被，遭到当地牧民的反对，从而引发中蒙边境贸易纠纷，甚至受到蒙古国政府的制裁，也给这些企业带来了很大的损失。

六、中蒙两国文化差异与冲突

尽管中蒙两国早已建立睦邻友好互信的伙伴关系，双边边境贸易文化交流也取得了进一步的发展。但是中蒙两国在语言、文化观念等方面，因两国历史、传统文化的不同，在生活习惯、语言文字和民族文化上还存在一定的差异性[①]。随着中蒙战略合作伙伴关系的不断加强，双方的边境贸易合作领

---

① 杨晓燕：《从历史观的差异考察中蒙关系中的文化冲突》，《内蒙古农业大学学报》（社会科学版）2009年第4期，第324页。

域不断扩大。进一步发挥中蒙边境地区蒙古族集聚地具有同根同源的优势，增进中蒙两国边民相互尊重、相互信任，才能为中蒙边境贸易的深入发展提供文化基础，也可以防止或减少因语言沟通、文化冲突导致的边境贸易纠纷的发生。

案例4-5 2015年4月27日下午，二连浩特市工商局接到一对蒙古国夫妇投诉，称他们在二连浩特市义乌商贸城内的一家珠宝摊位购买了50套银首饰（包括项链、耳环、戒指、耳坠等），价值共计13500元。然而，购买后他们却发现这些饰品不是银的，情急之下，他们找到工商局12315中心寻求帮助。二连浩特市工商局受理投诉后，该工商局和消协分会的工作人员当即前往二连浩特市义乌商贸城进行调查了解。据该珠宝摊位商户巴某陈述，当时，这对蒙古国夫妇来到她的摊位购买首饰，说要价格比较便宜的首饰，并没有说清楚要的是银首饰，因此，她销售给二人的50套饰品属金属合成品。

经过工作人员调解，商户巴某不存在欺诈消费者行为，这一误会主要是因为语言沟通不畅造成的。商户巴某同意为蒙古夫妇退货，蒙古夫妇随即又购买了巴某部分纯银首饰，对于这一结果，双方均表示满意[①]。2016年11月笔者在二连浩特市政府部门调研时，针对类似案例4-5的纠纷对二连浩特市工商局12315中心工作人员斯某进行了一次访谈，具体内容如下：

笔者：在您经手过的中蒙边境贸易纠纷中因语言或文化差异引起的纠纷多吗？

斯某：经常发生。

笔者：您调解过的文化差异引起的边境贸易纠纷的主要原因是什么？

斯某：有大多数类似的纠纷是因为双方当事人语言沟通不畅或者语

[①] 2015年8月，在二连浩特市工商局访谈收集的案例材料。

第四章 中蒙边境贸易纠纷的特点和产生原因

言理解错误有关系，比如说在边民互市贸易市场双方订货过程中只谈清楚商品种类或价格，没说清楚商品品质等。尤其是家居类商品经常出现类似的纠纷。

笔者：您能举一个具体的案例吗？

斯某：比如说案例4-5，蒙古国商人说要银（monggun）首饰，但是二连浩特市珠宝摊商户巴某不懂蒙古语，市场上银（monggun）首饰比金（alatan）属合成的首饰要便宜，最后按蒙古国商人说的价格，巴某发货给对方50套饰品属金属合成品。蒙古国商人收到货物后发现不是他们想要的银（monggun）首饰，才申诉到我们这里。

类似边境贸易纠纷的发生主要原因在于，虽然中国与蒙古国接壤的边境地区国土相连、语言相通、习俗相近，有共同生活在我国北部草原上开展文化交流合作的优势和条件，但是中国作为多民族统一的国家与蒙古国单一民族国家，在语言、文化、民族习惯上还是存在很多的差异。因此，我们在看到中蒙两国经济贸易不断进步发展的同时，也应该对中蒙两国文化差异与冲突问题有客观的认识和了解。只有加强文化交流，注重民族特色的风俗习惯，提升双边文化与教育合作层次，全面加强口岸边境地区之间的交流才能避免不必要的纠纷发生。

随着中蒙双边经济贸易关系的发展和"一带一路"倡议的实施，中蒙边境贸易往来日益频繁，中蒙边境贸易纠纷也逐渐增多。这些边境贸易纠纷如果不能得到快速、合理、有效的解决，将会影响中蒙边境贸易关系的进一步发展和我国边境地区的和谐稳定和社会治理。本章结合中蒙两国现行边境贸易相关法律制度和已有的边境贸易纠纷案例资料以及中蒙边境口岸地区的调查研究，进一步剖析中蒙边境贸易纠纷逐渐增多、参与主体的复杂化、类型多样化、解决方式单一化等特点，进而从中蒙两国边境贸易秩序的不规范、蒙古国对中国贸易政策壁垒、蒙古国现行法律制度的不健全、中蒙边境贸易市场管理机制的不完善和中蒙文化差异与冲突等中蒙边境贸易纠纷产生原因做了详细的分析。为本书下一步中蒙边境贸易纠纷现行解决机制的现状进行分析做了铺垫。

第五章　中蒙边境贸易纠纷现行解决机制

"一带一路"倡议包括中国在内共涉及65个国家和地区。这65个国家和地区大多为WTO成员方（包括中国和蒙古国在内）。并且中蒙两国1991年已签署了《关于相互鼓励和保护投资协定》。这些多边和双边投资协定中的争端解决机制将成为参与"一带一路"合作的国家相关的边境贸易、投资争端的解决平台。在我国，解决中蒙边境贸易纠纷的主要途径有协商、调解、仲裁、诉讼等，但是这些中蒙边境贸易纠纷解决机制之间协调衔接机制缺乏，经常出现相互交叉或者相互矛盾的解决结果。在蒙古国，中蒙边境贸易纠纷解决途径也包括协商、谈判、调解以及仲裁和诉讼等，与我国基本相似。但是由于中蒙两国政治体制与司法制度的差异，解决中蒙边境贸易纠纷的具体机制之间不尽相同，所以中蒙边境贸易纠纷现行解决机制各显优势和存在不同的问题。本部分主要介绍中蒙边境贸易纠纷现行解决机制的具体内容和就运行状态作出分析，为下一章的提出问题提供了基础。随着中蒙边境贸易的迅速发展和经济贸易全球化程度的提高，参与边境贸易不同主体之间的交往频繁而复杂，因为双边边境贸易相关政策法律信息的不对称、资源的不平衡、规范的差异性，都会引起边境贸易不同主体之间的各种利益冲突。如何解决这些冲突，对维护我国边境民族地区的社会稳定与中蒙两国边境贸易秩序都有着重要的意义。

第一节　我国对中蒙边境贸易纠纷的解决机制

中蒙边境贸易纠纷需要解决，但这些纠纷的解决不仅需要通过一定的方式，还得借助于纠纷解决机构的各种工具，而所有这些方式和工具结合在一起就构成了中蒙边境贸易纠纷解决的机制。广义上的中蒙边境贸易纠纷解决机制应当包括中蒙两国边境贸易纠纷解决的观念、各种纠纷解决具体制度的安排和具体解决纠纷的方法，狭义上的中蒙边境贸易纠纷解决机制主要是指有关中蒙边境贸易纠纷的调解、仲裁和民事诉讼等各种方式的制度性安排[①]。

纠纷解决机制这一词组在相关纠纷解决机制的研究当中被广泛使用，但是，到目前为止还没有形成一个统一严格的定义。例如，范愉教授认为"纠纷解决机制，是指社会各种纠纷解决方式、制度的总和或体系"[②]，而徐昕教授的著作中则认为"纠纷解决机制，是指争议当事人用以化解和处理纠纷的手段和方法"[③]。在这两种表述当中前者强调纠纷解决机制的总体性特征，后者注重纠纷解决机制组成部分的个别性功能。所以本书的研究把中蒙边境贸易纠纷解决机制定义采取了上述两种表述的折中，把中蒙边境贸易纠纷解决机制的概念界定为：中蒙边境贸易纠纷解决的非诉讼与诉讼解决机制的总体性制度构造以及调解、仲裁和民事诉讼机制之间的相互衔接与协调关系和运行原理[④]。

根据上述概念的界定，中蒙边境贸易纠纷解决机制是指缓解和消除边境

---

① 赵旭东：《纠纷与纠纷解决原论》，北京：北京大学出版社，2009年，第61—62页。
② 范愉主编：《ADR原理与实务》，厦门：厦门大学出版社，2002年，第47页。
③ 徐昕主编：《纠纷解决与社会和谐》，北京：法律出版社，2006年，第68页。
④ 赵旭东：《纠纷与纠纷解决原论》，北京：北京大学出版社，2009年，第63页。

贸易纠纷的各种解决方式与解决机构，解决工具之间的总体性制度构造以及各种纠纷解决机制之间的相互衔接与协调关系和运行原理。仅从上述概念的表述我们无法对中蒙边境贸易纠纷解决机制的形成有确切的认识，所以进一步研究中蒙边境贸易纠纷解决机制的总体构造和具体机制架构是必要的。中蒙边境贸易纠纷解决机制的基本架构是指中蒙边境贸易纠纷调解、仲裁和诉讼等解决机制表现形态以及这些不同纠纷解决机制之间的相互衔接与协调关系和运行原理的具体内容。笔者对中蒙边境口岸边境贸易纠纷解决机制的实地调研也证实了这一理论的客观存在。在中国，中蒙边境贸易纠纷现行解决机制有协商与谈判、调解、仲裁和诉讼机制。把这些协商（和解）、调解、仲裁和诉讼等纠纷解决机制根据是否运用国家司法审判权又分成非诉讼解决机制和诉讼解决机制两大类。

一、非诉讼解决机制

（一）非诉讼纠纷解决机制的概念

起源于美国的非诉讼纠纷解决机制，是 Alternative Dispute Resolution（简称 ADR）的意译，原来是指 20 世纪 70 年代逐步发展起来的各种诉讼外纠纷解决方式，现在是泛指世界各国普遍适用的诉讼程序以外的协商（和解）、调解和仲裁等各种纠纷解决机制或者纠纷解决方式的总称，也称"替代性纠纷解决方式"[1]。虽然世界各国对 ADR 制度相关规定各不相同，但是，ADR 制度能够逐步发展成为一种全球性的纠纷解决机制，是因为它自身具有的纠纷双方当事人之间的非对抗性、自治性、参与性与协商性，解决纠纷的效率高、便利化等价值的多元化理念的追求，促成了很多新型纠纷解决手段和方式的产生，是传统纠纷解决机制与现代社会发展相适应的现代转型。

ADR 是一个开放性概念，其外延与社会发展的不同时期有不同的内涵，无法确定统一的概念，各国的做法不一。本书对中蒙边境贸易纠纷非诉讼解决机制的概念表述为，除了中蒙边境贸易纠纷诉讼解决机制以外的协商（和

---

[1] 范愉：《纠纷解决的理论与实践》，北京：清华大学出版社，2007年，第138页。

解）、调解和仲裁等解决中蒙边境贸易纠纷的各种解决方式、程序和制度的总称。

国外ADR制度在几十年的发展经验中积累起来的纠纷解决程序快捷、费用低廉和纠纷双方当事人的自治性、协商性、参与性、非对抗性和非公开性等特点，对于我们健全和完善中蒙边境贸易纠纷解决机制具有重要参考意义和借鉴的价值。

（二）非诉讼解决机制的特点

随着中蒙两国双边经济贸易合作的不断深入和中蒙边境贸易快速发展，中蒙边境贸易纠纷非诉讼解决机制作为一个内容丰富、外延无法确定的体系，虽然中蒙两国各自的具体做法不相同，但是随着类型多样化的中蒙边境贸易纠纷的增多，必将会衍生出越来越多的边境贸易纠纷非诉讼解决的方式。

中蒙边境贸易纠纷解决"短、平、快"的现实需求和通过目前中蒙边境贸易纠纷主体的复杂化、纠纷类型多样化和纠纷解决的时效性等特点的分析，选择协商、调解和仲裁等中蒙边境贸易纠纷非诉讼解决机制有它独有的优势和特点。

1.纠纷解决基准的非法律化

在本书的第二章中蒙边境贸易纠纷的特点里分析过中蒙边境贸易纠纷涉及的法律法规的复杂性，而用非诉讼纠纷解决机制解决中蒙边境贸易纠纷无须严格按照民事程序法和与边境贸易相关的实体法的相关规定，中蒙边境贸易纠纷双方当事人按照意思自治与合意的基础上选择具体的纠纷解决方式，边境贸易纠纷主体有协商变通和交易的空间[1]。中蒙边境贸易纠纷非诉讼解决机制特别强调适应双方当事人和边境贸易纠纷解决内容的实际需要，尊重纠纷双方当事人的意思自治和社会团体、共同体的私人自治，边境贸易相关的法律法规以外的中蒙边境贸易行业标准、贸易习惯都可以成为中蒙边境贸易纠纷解决的依据。

---

[1] 范愉：《纠纷解决的理论与实践》，北京：清华大学出版社，2007年，第142页。

案例5-1 2016年3月19日蒙古国消费者尼玛从二连浩特市义乌市场以一条人民币2.00元的价格购买了儿童内裤（小童内裤400条，大童内裤200条）共计1200元。但回蒙古国后发现，这批货物里大童内裤中的100条有内衬，另外100条没有内衬，2016年3月23日要求商家更换时商家不予更换，发生纠纷。2016年3月25日二连浩特市工商局12315投诉中心接到消费者投诉后，由陈某、赵某两名调解人员进行现场调解，经调解商家给消费者更换了100条大童内裤，签署了调解协议书①。

在本案中工商局调解人员在调解过程中发现，当时给消费者看的大童内裤是有内衬的，是商家不守信用给消费者包装时装了没有内衬的大童内裤，所以要求商家更换没有内衬的100条大童内裤。纠纷的解决程序灵活简便、及时，适合于中蒙边境小额贸易纠纷的解决。

笔者在二连浩特市工商局走访调研时，对二连浩特市工商局12315消费者举报中心受理和调解的中蒙边境贸易纠纷相关问题，与二连浩特市工商局锡局长进行了一次访谈，具体内容如下：

笔者：锡局长，您好！我想了解一下咱们二连浩特市工商局12315消费者举报中心是什么时候成立的？

锡局长：二连浩特市消费者协会成立于2009年年底，与12315申诉举报中心、食品流通管理科合署办公，现工作人员3名。

笔者：二连浩特市工商局12315消费者举报中心受理边境贸易纠纷案件的情况具体怎么样？

锡局长：以2013年为例，我们共受理蒙古国消费者投诉案件31件，咨询50件，成功调解处理31件，其中1000元以下15件，1000—10000元的9件，1万元以上6件，10万元以上1件，涉案金额共计54.85万元。2016年，我市12315消费者申诉举报中心共受理调解解决蒙古国客商投

---

① 二连浩特市工商局12315申诉中心提供。

诉案件40件，涉案金额共计104.2万元，为历年来最高。

笔者：二连浩特市的消费群体中蒙古国消费者多吗？

锡局长：近年来，随着中蒙两国边境贸易日益频繁，在二连浩特市的消费群体中有相当一部分是蒙古国客商，同时也有大量中国公民在二连浩特投资兴业。

笔者：二连浩特市工商局作为边境口岸城市的纠纷调解机构为中蒙边境贸易纠纷的调解解决提供了哪些便利条件？

锡局长：针对蒙古国客商在二连浩特发生边境贸易纠纷后不知道通过什么渠道解决的情况，在全市所有涉外服务场所和涉外商场市场醒目的位置设置中、蒙、斯拉夫三种文字的消费投诉提示牌，提醒消费者及时维权。并且在全市各大商场、超市、互市贸易区均设立消费者投诉站和12315联络站，覆盖率达100%，有50%的"两站"实现了双语服务，指派专人现场受理调解边境贸易纠纷，要求特事特办及时解决边境贸易纠纷。让边境贸易纠纷当事人不出店门、不出市场解决纠纷，有效降低了边境贸易纠纷解决的成本。

笔者：除了解决二连浩特市发生的边境贸易纠纷外还解决过其他的边境贸易纠纷吗？比如在蒙古国边境口岸发生的中蒙边境贸易纠纷？

锡局长：我市消费者协会与乌兰巴托市、扎门乌德市消费者协会以及蒙古国领事馆经常进行业务交流，定期通报边境贸易纠纷调解处理情况。自2009年以来，我们与蒙古国维权组织来访会谈了10次，妥善调解处理了在蒙古国边境口岸发生的91起中蒙边境贸易纠纷，为提升二连浩特口岸商品或服务在蒙古国的信任度，中蒙两国边境贸易的稳定发展做出了努力。

作为中蒙边境口岸消费维权机构，二连浩特市工商局、二连浩特市消费者协会将涉外维权工作作为构建中蒙边境口岸良好消费环境的重要工作，先后多次和蒙古国公平竞争与消费者保护局、蒙古国消协组织开展沟通交流，2015年3月，蒙古国公平竞争与消费者保护局局长德·阿尤尔赛汗一行来二连浩特市工商局进行工作交流，双方签订了《中华人民共和国二连浩特市工商局和蒙古国公平竞争与消费者保护局消费维权合作备忘录》。2016年1月，蒙古国消费者权益保护联合协会会长阿·阿荣宝力道一行到二连浩特市消费者协会进行工作交流，双方签订了《二连浩特市消费者协会与蒙古国消费者权益保护联合协会合作备忘录》等框架协议，形成了区域间国际消费维权合作关系。同时，还促成了自治区工商局和蒙古国公平竞争与消费者保护局于2015年3月和8月分别进行了工作互访，将之前二连浩特市工商局与蒙古国消费维权机构建立的合作关系提升到自治区层面，并扩展到了与蒙古国接壤的其他边境口岸。推动蒙古国公平竞争与消费者保护局在扎门乌德成立了办事处，在消费维权和商品质量监督方面开展务实合作，促进蒙方对等保护中国消费者在蒙古国的合法权益，为维护两国公民在对方国家的消费权益打下坚实基础。

2.纠纷解决的程序简便灵活

中蒙边境贸易纠纷非诉讼解决机制与诉讼解决机制主要的区别在于：中蒙边境贸易纠纷非诉讼解决机制虽然包括协商（谈判）、调解和仲裁等种类繁多，边境贸易纠纷解决方式各异，但它们共同的特点是各种非诉讼纠纷解决程序的程序启动、运作和结束都取决于纠纷双方当事人的意思自治和合意，而选择用民事诉讼程序解决中蒙边境贸易纠纷时，民事诉讼参与人要严格按照民事诉讼的程序步骤和规范，根据法律规定依法做出判决。中蒙边境贸易纠纷非诉讼解决机制尊重纠纷双方当事人对具体边境贸易纠纷解决程序的选择权，并且此纠纷解决程序的启动、结束取决于当事人的处分权，纠纷解决的程序灵活、简便，纠纷解决方式多样，纠纷解决结果的依据是纠纷双方当事人的合意，在纠纷解决过程中双方当事人无须聘请律师、翻译等相关专业人员寻求帮助，适应于跨界边境贸易纠纷时间短、公平和快速解决的现实需求。

随着经济全球化和"一带一路"倡议实行的进程，边境贸易电子商务也呈现出快速发展的趋势。据了解为贯彻落实国务院办公厅《关于跨境电子商务健康快速发展的指导意见》精神，内蒙古自治区也制定了《内蒙古自治区人民政府办公厅关于发展跨境电子商务的实施意见》，加快推动我区跨境电子商务健康快速发展。二连浩特口岸作为中蒙边境贸易的最大陆路口岸，不仅按照内蒙古自治区口岸发展"十二五"规划的发展定位继续重视口岸基础设施建设，构建国际货物贸易物流、进出口货物加工基地、跨境文化旅游三大基地，还要引入互联网技术，加快跨境电子商务的发展，促进口岸贸易的网络化和全球化。二连浩特口岸现有正式注册电子商务企业20家，平台交易模式都属于B2B、B2C，以B2C为主，即以网络零售业为主。二连浩特市禹力公司是一家拥有独立进出口权的专业外贸公司，投资额800万人民币，2014打造出中蒙跨境"城市商店"电子商务平台，该跨境平台用新蒙文为文字载体在蒙古国上线使用，属于出口跨境电商企业。主营八大类产品，包括：数码、服装、家电、母婴用品、时尚、家居、工程机械、建材，并带动其他产品发展，是蒙古国目前最大的全方位购物网站。2015年全年平台总销售额960万元，服务收入240万元，订单量2.3万笔，注册的入驻企业1800户，网页日点击量5600次，现正着手与苏宁易购合作开发蒙古国市场，负责蒙古国商品进出口[①]。近两年，中蒙边境贸易在传统对外贸易出口增长乏力的背景下，跨境电子商务正在改变着传统的边境贸易格局，冲破国家贸易障碍，使中蒙边境贸易走向了无国界化。二连浩特跨境电子商务的发展也在推动着内蒙古地区经济贸易的扩张和增长，让蒙古国的消费者，通过跨境电子商务感受到对中国产品的新体验。

对于中蒙两国来说，边境贸易的合作和文化交流源远流长，全面提升两国边境贸易便利化水平，不仅是顺应全球发展趋势的需要，更让两国进一步加强经济贸易合作创造良好的商务环境。最高人民法院印发《关于人民法院进一步深化多元化纠纷解决机制改革的意见》，明确提出："要根据'互联网+'战略要求，创新在线纠纷解决方式，推动建立在线调解、在线立案、在线司法确认、在线审判、电子督促程序、电子送达等为一体的信息平台。"这样的规定也是响应周强院长提出的"2017年底建成全面覆盖、移动互联、透明便民、安全可靠的智能化信息系统"重要举措[②]。

随着中蒙边境口岸电子商务的发展，积极引导和规范中蒙边境贸易在线

---

① 红梅：《二连浩特跨境电子商务现状的调查与分析》，《北方金融》2016年第7期，第90页。
② 龙飞：《中国在线纠纷解决机制的发展现状及未来前景》，《法律适用》2016年第5期，第5页。

纠纷解决机制（ODR）是健全中蒙边境贸易纠纷解决机制中的重要组成部分，在线纠纷解决机制（ODR）以它公开化、网络化、低成本、高效率化解纠纷的特点，运用多元化的网络平台综合运用谈判、调解和仲裁等多种手段解决中蒙边境电子商务贸易纠纷，是一种诉讼外的纠纷解决机制。

3.纠纷解决过程的非对抗性

在中蒙边境贸易纠纷非诉讼解决机制里，尽管一部分ADR（仲裁）以追求接近法律解决的司法取向，但同样基于中蒙边境贸易纠纷双方当事人意思自治和平等的参与，才能获得纠纷解决程序的适用，并获得与诉讼解决不同的结果。并且更多的ADR以促成和解以及圆满彻底解决纠纷为取向。在ADR的启动、运行过程和结果中始终体现出纠纷双方当事人的平等性与合意以及纠纷解决过程的非对抗性，并且通过中蒙边境贸易纠纷双方当事人之间的相互谅解、相互妥协来达成协议，从而达到解决中蒙边境贸易纠纷的目的。

案例5-2 2016年5月4日蒙古国乌兰巴托市消费者在二连浩特市盛通家具城购买了10套组合沙发（一套价格3200元），另加10个单人沙发（1个价格500元），并双方签署买卖合同，买方预付货物款项32000元，剩余5000元单人沙发的款项由买方收到货物时支付，卖方在消费者购货至2016年5月29日之前发货。2016年5月29日买方收到货后发现，单人沙发与组合沙发不一样，主要是皮质材料不同，以"组合沙发是纯皮质的、而单人沙发不是纯皮的"为由不付剩余5000元货物款项发生贸易纠纷。一般中蒙边境货物贸易往来当中由货运公司送完货代收买方货款，在长期合作过程中货运公司与买卖双方都互相认识。由于卖方单人沙发不符合要求而不付剩余款项，货运公司工作人员李某、张某及时跟卖方（二连浩特市盛通家具城）联系沟通，单人沙发确实与组合沙发不一样，但已经送货到蒙古国乌兰巴托市，过境手续烦琐，来回运费造成不必要的损失，为减少损失希望双方和解（协商）解决纠纷。通过货运公司工作人员李某、张某（第三方）的劝说双方互相都让一步，蒙古国消费者以一个单人沙发300元的价格留下送过来的10个单人沙发，卖方（二连浩特市盛通家具城）以一个单人沙发比原来价格便宜200元的价格收回了剩余3000元货款。

本案中边境贸易纠纷双方当事人因为货物贸易合同发生纠纷后，通过互让互利的非诉讼程序，根据双方当事人的处分权和合意，及时简便地解决了纠纷。纠纷解决者（货运公司工作人员李某、张某）与纠纷当事人（蒙古国消费者与二连浩特市盛通家具城）之间的关系属于平等性的构造，参与解决纠纷的中立第三人（货运公司工作人员李某、张某）并非行使司法职权的裁判者（法官）。本案纠纷解决程序的开始、运作和结果主要取决于买卖双方（蒙古国消费者与二连浩特市盛通家具城）的协商和合意，体现出了非诉讼解决机制纠纷解决过程的非对抗性和纠纷当事人的平等性。

4.性质上的民间化和多样化

ADR本身具有多元化的特征，中蒙边境贸易纠纷非诉讼解决机制最主要的性质是以民间性（社会性）为主，从中蒙边境贸易纠纷非诉讼解决机构组织的数量、覆盖面来看，它包括了中蒙边境口岸地区的政府口岸办公室、外事办公室、海关、边境检查站、边防派出所、口岸管理委员会、贸易促进委员会、商务局、工商局、司法局、跨境经济合作区管理委员会等机构和它们的分支机构，这些机构分布成边境贸易纠纷调解解决网络。从实际解决中蒙边境贸易纠纷的数量上看，大多数中蒙边境贸易纠纷通过纠纷双方当事人的协商、和解等"私了"解决，本书第二章"中蒙边境贸易纠纷解决方式的单一"部分也探讨过这个问题。所以在中蒙边境贸易纠纷的实际解决过程中民间社会性的ADR均占有明显优势。同时司法性（人民法院附设）ADR和行政性ADR也各有其特定的形式、作用范围和功能[①]。

如上述案例5-1属于典型的行政性ADR，由二连浩特市工商局12315投诉中心工作人员调解解决的中蒙边境贸易纠纷，而案例5-2则是民间社会性ADR的典型，参与解决纠纷的中立第三人（货运公司工作人员李某、张某）并非行使司法职权的裁判者（法官），也不是行使行政管理权的行政机关，

---

① 范愉：《纠纷解决的理论与实践》，北京：清华大学出版社，2007年，第142页。

只是与纠纷当事人（蒙古国消费者与二连浩特市盛通家具城）之间的关系属于平等性构造的中间人，这样各种性质和形式的ADR形成了一种功能互补的中蒙边境贸易纠纷解决机制多元化系统。

（三）非诉讼纠纷解决机制的类型

在我国，中蒙边境贸易纠纷非诉讼解决机制的具体类型主要包括：自力解决机制（协商）、调解解决机制、仲裁解决机制等三种形式。其中，自力解决机制主要是依靠边境贸易纠纷双方当事人通过自己的力量来解决纠纷，即依靠边境贸易纠纷双方或一方当事人的力量解决、协商或谈判；调解解决机制主要是指无公权性质的民间机构和个人以调解为手段的纠纷解决方式，包括人民调解、行业组织调解、其他社会团体的调解和行政机关承担的行政调解等各种边境贸易纠纷解决的方式。与仲裁、诉讼等纠纷解决机制相比，中蒙边境贸易纠纷的自力解决机制和调解解决机制更多的尊重了当事人的处分权及合意，让当事人自愿选择纠纷解决机构和解决方式，使边境贸易纠纷双方当事人能够依据具体贸易纠纷的内容和特点选择适合自身的纠纷解决方式。更重要的是这种边境贸易解决方式尊重纠纷双方当事人的合意，注重协调双方当事人利益。在具体边境贸易纠纷解决过程中，让边境贸易纠纷当事人可以充分考虑双方边境贸易纠纷背后复杂的法律关系和当事人具体利益的情况，让边境贸易纠纷双方当事人衡量选择中蒙边境贸易纠纷不同纠纷解决机制的利弊。让边境贸易纠纷双方适度妥协，降低双方利益损失，实现双方利益的最大化，从而更容易定分止争，实现中蒙边境贸易的和谐发展。

当然，这些中蒙边境贸易纠纷非诉讼解决机制具有众多优势的同时，也有其自身的局限性。第一，中蒙边境贸易纠纷非诉讼解决机制的启动和运行必须基于边境贸易纠纷双方当事人的意思自治和合意，如果有一方或双方不具有选择这种纠纷解决机制来解决纠纷的诚意，则该程序无法启动和运行。第二，中蒙边境贸易纠纷协商、调解机制解决的结果缺乏强制执行力，纠纷处理结果的实现没有保障，等等[①]。（下一章专门分析存在的问题）

中蒙边境贸易纠纷仲裁解决机制作为非诉讼解决机制重要的组成部分，

---

① 宋振玲：《社会转型时期多元化纠纷解决机制的构建》，《沈阳建筑大学学报》（社会科学版）2007年第2期，第193页。

是由边境贸易争议双方共同选定的与该争议无利害关系的第三方机构来解决他们之间边境贸易纠纷的解决机制。与其他中蒙边境贸易纠纷解决机制相比，仲裁机制具有以下优势：

第一，当事人的意思自治。在仲裁机制中，纠纷双方当事人享有选定仲裁员、仲裁机构、仲裁语言以及适用法律的自由。按照我国《国际经济贸易仲裁委员会仲裁规则》，当事人还可以就仲裁庭的开庭审理、证据的提交和意见的陈述等事项达成协议，选择符合自己特殊需要的仲裁程序。因此，与法院诉讼解决机制严格的民事诉讼程序和期限的规定相比，仲裁解决程序更为灵活。

第二，一裁终局。中蒙边境贸易纠纷解决方式有很多，但是只有法院的诉讼判决和仲裁裁决才有强制执行力。仲裁裁决不能上诉，一经作出即为终局，对当事人具有约束力。尤其是在中蒙边境贸易纠纷的仲裁有涉外因素，所以法院裁定撤销或不予承认和执行的理由仅限于程序问题。

第三，中蒙边境贸易纠纷的仲裁裁定可以在国际上得到承认和执行。承认和执行的重要依据为1958年签订的《承认及执行外国仲裁裁决公约》（简称《纽约公约》），我国和蒙古国都是《纽约公约》的成员国，根据该公约，中蒙边境贸易纠纷的仲裁裁决可以在中蒙两国得到承认和执行。因此，仲裁机制是解决中蒙边境贸易纠纷的首选司法化途径之一[①]。

二、诉讼解决机制

中蒙边境贸易纠纷的解决总是离不开相关法律法规的规定，不管选择非诉讼解决机制还是选择诉讼解决机制解决边境贸易纠纷，都必须在法律规定的范围之内。边境贸易纠纷的诉讼解决机制是运用国家司法审判权的公信力保障边境贸易纠纷得到解决的一种机制，是国家司法机关利用审判权来对边境贸易当事人的合法权利进行确认并确保得以实现的一种机制，是解决中蒙边境贸易纠纷的重要方式，也是法治社会的重要标志。

---

① 吴靓：《关于完善我国边境贸易争端解决机制的思考》，《怀化学院学报》2009年第1期，第19—20页。

（一）对诉讼解决机制的利用率低

法院作为国家设立的正式纠纷解决机制，在中蒙边境从事边境贸易的群众中解决边境贸易时对"法院利用度"进行的问卷调查结果来看，很多人了解法院，但是实际解决边境贸易纠纷时，很少人选择法院来解决纠纷。从调查数据看，中蒙边境地区从事边境贸易的群众发生边境贸易纠纷时，130份问卷调查数据中只有29%的当事人选择去法院解决纠纷。

表5-1是关于人们选择法院解决边境贸易纠纷的考察，本表中选择"有"选项的是边境贸易纠纷当事人或者周围从事边境贸易的人选择法院解决过边境贸易纠纷的数据。但是其他两种数据，从法院解决中蒙边境贸易纠纷的利用率的角度看，"没有"和"不清楚"说明被调查者对法院解决边境贸易纠纷的利用率没有真实的感性认识。同时，对边境贸易纠纷当事人对法院判决的满意度进行了调查。在调查问卷中"您或周围从事边境贸易的人遇到边境贸易纠纷时，有没有去法院解决过？"和"去法院解决边境贸易纠纷后，对法院的判决结果满意与否"的情况如表5-1、表5-2所示。表5-2是对法院判决满意度的考察。

表 5-1　对法院的利用率

选项	有	没有	不清楚
人数	37	55	38

表 5-2　法院解决边境贸易纠纷的满意度

选项	不满意	一般般	满意
人数	8	66	51

表5-2反映的是中蒙边境贸易经营者对法院想象的态度，因为很多人虽然选择了"满意"选项，但没有到法院起诉过，没有亲身的体验，反映出来的只能是他对法院解决边境贸易纠纷案件的想象的认识。从表5-1和表5-2中可以看出"去过法院"的人数明显低于法院判决结果"满意"的人，所以调查中对判决的满意度是中蒙边境贸易纠纷当事人对法院解决纠纷的主观反

应。但是可以看出中蒙边境贸易经营者对法院解决纠纷的某种认同。这种数据结构可以说明在中蒙边境地区边境贸易经营者对法院纠纷解决具有某种认同，但是实际边境贸易纠纷解决中对法院诉讼解决机制的利用率很低。

（二）阻碍利用诉讼解决机制的原因

1.法院等机构不够

中蒙边境贸易纠纷主要发生在边境偏远地区（少数民族聚居地区），国家法院等正式机构存在不足。在调研中发现有些边境口岸所在地、便民互市贸易市场和跨境经济合作区没有设立口岸法庭（派出法庭）。笔者走访调研过的中蒙边境口岸二连浩特、策克、甘其毛都、珠恩嘎达布其、阿尔山、满都拉等口岸所在地，只有甘其毛都口岸设有口岸法庭，其他口岸都没有设立口岸法庭或者派出法庭。如中蒙跨境经济合作区位于沿中华人民共和国和蒙古国边界线两侧的毗邻接壤区域，紧邻二连浩特（中国）–扎门乌德（蒙古国）边境口岸。中蒙跨境经济合作区总面积占18平方公里，经济合作区内实行封闭式管理模式，蒙方区域与中方区域国界线重叠距离为1967米；中方区域位于中国内蒙古二连浩特市，占地面积9平方公里；蒙方区域位于蒙古国扎门乌德市，占地面积9平方公里。但跨境经济合作区内没有设立口岸法庭，也没有专门的边境贸易纠纷解决机构，在跨境经济合作区内发生的边境贸易纠纷通过诉讼解决比较困难。策克口岸位于内蒙古额济纳境内，但距额济纳法院所在的达来呼布镇77公里。珠恩嘎达布其口岸在锡林浩特市东乌珠穆沁旗境内，距离东乌珠穆沁旗法院所在的乌里雅斯太镇68公里。由于内蒙古自治区特殊的地理环境，中蒙边境口岸都离所属行政区域法院比较远，甚至距离几十公里。这为口岸经济合作区或互市贸易市场发生的边境贸易纠纷诉讼的解决带来了不便。

2.法院边境贸易纠纷案件审判人员不足

中蒙边境贸易纠纷大多具有涉外因素，了解国际法和中蒙两国法律制度（尤其是边境贸易法律制度）的审判人员普遍不足。笔者2016年通过二连浩特市法院和甘其毛都口岸法庭走访了解到法院蒙汉兼通的审判人员本来就不足，加上中蒙两国通用的蒙古语读法相同、写法不同导致法院蒙古族审判人员只能听懂蒙古国当事人的语言，而写不出诉讼文书的困境。下面是笔者

2017年1月在二连浩特市人民法院走访时，与二连浩特市人民法院民事审判庭赛庭长访谈的内容。

笔者：您好！目前二连浩特市人民法院工作人员多少？

赛庭长：我院在编工作人员47名，聘用制人员40名，总共工作人员87名。

笔者：2016年司法改革实行员额制后，入额审判人员多少？

赛庭长：我院入额审判人员16名。

笔者：二连浩特市人民法院有单独的涉外案件审判庭吗？

赛庭长：我院未单独设立涉外审判庭，涉外民商事案件由民事审判庭审理。

笔者：二连浩特市人民法院蒙古族审判人员多少？能用蒙、汉双语办案人员多少？

赛庭长：全院入额审判人员16名中，8名是蒙古族，但是能用蒙、汉双语办案的审判人员只有3名。

笔者：近两年二连浩特市人民法院受理的中蒙边境贸易纠纷案件数量有什么变化？

赛庭长：随着中蒙两国边境贸易的发展，尤其是2014年以来我院受理的中蒙边境贸易纠纷案件逐年增长的趋势。2014年我院审理的边境贸易纠纷案件14件，2016年上升到18件。

笔者：二连浩特市人民法院民事审判庭有几个审判人员（更准确地说应该是能够审理中蒙边境贸易纠纷的审判人员）？

赛庭长：能够听懂蒙、汉双语的审判人员只有3名，比起逐渐增多的中蒙边境贸易纠纷案件的数量正成明显的对比。加上中蒙两国语言（蒙古语）读法相同，但写法完全不一样。在中蒙边境贸易纠纷案件的审理过程中面临写不出外文（蒙古语）诉讼文书和法律文书的困境。

3.法院诉讼成本高

法院解决中蒙边境贸易纠纷的诉讼成本高，具体体现在审理边境贸易纠纷案件的诉讼费用、审理时间和一些其他诉讼文书和法律文书的送达等相关成本上。从调查问卷看，从事中蒙边境贸易的群众认为法院在解决边境贸易纠纷时存在拖延诉讼、解决纠纷的效率低、诉讼费用偏高、程序有严格的步骤、判决结果难以执行、公正性不足等方面的问题。其中，对法院判决结果公平性的怀疑是中蒙边境贸易纠纷双方当事人对诉讼解决机制不认可的最主要原因。我在问卷调查中，发现法院诉讼解决机制存在的主要问题有"等的时间太长""不懂（外国）相关法律""判决结果难以执行"等。在产生边境贸易纠纷时"不愿到法院的原因"[①]选择情况如表5-3所示。

表5-3的问卷选项中，被调查者有多选或少选的现象，也有一部分被调查者没有选择。但是我们从表5-3的数据中能够清楚地看到有不少当事人认为法院诉讼解决机制解决中蒙边境贸易纠纷时，存在"花钱"或"等时间"等诉讼成本的问题，这些问题阻碍了他们到法院解决中蒙边境贸易纠纷的选择。

表5-3 阻碍利用法院的原因

选项＼类型	中国	蒙古国
不懂（外国）相关法律	27	46
花很多钱	30	20
等很长时间	48	18
其他原因	37	10

在"其他原因"项中也有被调查者认为法院解决边境贸易纠纷会影响日后的合作关系，即破坏合作伙伴关系。因为中蒙边境贸易中小额贸易往来居多，尤其是在长期的边民互市贸易当中大多数经营者主要依靠老顾客提高贸易量。在调查问卷中被问及"发生边境贸易纠纷后，您是更想自己协商解决

---

① A.不懂（外国）相关法律；B.花很多钱；C.等很长时间；D.其他原因。

还是去法院解决"时，中方从事边境贸易经营者和蒙方从事边境贸易经营者分别有63%和34%的被调查者选择"自己协商解决"。还有中方4个人，蒙方20人没有做出选择。这样看起来被调查的中蒙两国边境贸易经营者分别有66%和54%的人在选择解决边境贸易纠纷时，将诉讼解决机制排除出去。具体数据如表5-4所示。

表5-4　自力救济与法院解决选择的倾向

选项 \ 类型	中国	蒙古国
自力解决	81	34
法院解决	44	46

法院在解决边境贸易纠纷时最大的问题是：不方便、不懂（外国）相关法律、花时间长、判决难以执行。"您认为法院解决边境贸易纠纷时最大的问题是：A.不方便；B.不懂（外国）相关法律；C.花很多费用；D.等很长时间；E.判决结果难以执行"的选择数据表5-5所示。设问中的"A.不方便"泛指中蒙边境贸易纠纷当事人具有较高的流动性，也许是跨国界的外国人，他们有可能会考虑自己不是纠纷发生地的人，人生地不熟，怕影响到法院判决的公平、公正，所以可能在问卷相应的选项上自己又写了一个选项内容。如在被调查者当中有人在此问题的选项旁边直接填写了"不公平"的现象。至于中蒙边境贸易纠纷诉讼解决机制存在的详细问题，会在下一章详细分析。

表5-5　法院解决边境贸易纠纷时存在的问题

选项 \ 类型	中国	蒙古国
不方便	25	8
不懂（外国）相关法律	31	64
花很多费用	10	14

续表

类型 选项	中国	蒙古国
等很长时间	53	4
判决结果难以执行	47	6

从经济学的角度看，中蒙边境贸易纠纷当事人选择法院解决纠纷的选项，是边境贸易成本效益选择的必然结果。凡是参与中蒙边境贸易的主体都不会像经济学专家一样精确地计算出边境贸易纠纷解决的成本与收益，但是从事边境贸易经营者的生存本能，自然会引导他们在选择边境贸易纠纷的解决机制时，先要估算出各种解决机制的解决边境贸易纠纷的成本，然后对自己利益造成的损失进行反复比较才能做出最后的选择[①]。相对于成本高（诉讼费用、时间、精力等）的诉讼解决机制而言，人们肯定会首选成本低廉、快捷方便、熟悉好用的非诉讼解决机制。

（三）诉讼解决机制的对抗性引发矛盾扩大

中蒙边境贸易纠纷当事人在选择诉讼解决机制后，又产生另一个问题，即一部分边境贸易纠纷当事人认为，法院通过诉讼解决边境贸易纠纷以后，直接影响边境贸易纠纷双方当事人的继续合作关系，他们之间很难再保持原状。笔者在问卷调查中设置的"法院解决纠纷后，你们的关系是：A.不再来往；B.保持原状；C.合作伙伴变成仇人"的选择上[②]，具体情况如表5-6所示。

表5-6 法院判决对当事人社会关系的影响

类型 选项	中国	蒙古国
不再来往	71	42

---

① 胡兴东：《西南民族地区纠纷解决机制研究》，北京：社会科学文献出版社，2013年，第136页。

② 胡兴东：《西南民族地区多元纠纷解决机制建设问题研究》，北京：社会科学文献出版社，2013年，第134页。

续表

类型 选项	中国	蒙古国
保持原状	49	42
合作伙伴变成仇人	10	16

从表5-6看，中蒙边境贸易经营者发生边境贸易纠纷时选择法院诉讼解决机制后，对双方将来的边境贸易合作关系的影响并不是绝对的，但是笔者在中蒙边境口岸的边境贸易经营者进行调查访谈时发现很多人认为若把纠纷提交到法院，那就意味着边境贸易纠纷双方当事人原有相互合作关系的终结。如中蒙边境口岸地区的跨界蒙古族是同根同源的民族，他们语言相通、文化相融，虽然跨界而居，但是有特殊的民族情感。他们如果发生边境贸易纠纷后一旦选择诉讼起诉到法院，他们之间原有的任何情感都会消失。当然还有一些被调查者（主要有新型小微企业和电子商务企业负责人）认为通过诉讼解决边境贸易纠纷后双方原有的关系没有任何变化，也就是保持原状，照常继续合作来往。这种现象真实的原因值得进一步研究。

民事诉讼是最为正式和最权威的边境贸易纠纷解决方式，在整个边境贸易纠纷解决机制中，诉讼解决机制对于仲裁、调解以及协商（和解）均具有引导性和示范性意义。诉讼是由国家审判机关依据国家有关边境贸易相关法律规定所进行的解决边境贸易纠纷的活动。因此，诉讼解决机制具有严格的适法性和规范性。但是诉讼程序要求边境贸易纠纷双方当事人进行公开的对抗，加剧纠纷双方的对立性，容易将已有的边境贸易纠纷双方当事人的矛盾扩大化。

第二节　蒙古国对中蒙边境贸易纠纷的解决机制

目前蒙古国中蒙边境贸易纠纷的解决机制主要有调解、仲裁和诉讼三种,在蒙古国的中蒙边境贸易纠纷解决机制中诉讼和仲裁在解决外商投资企业的纠纷时占据着重要的位置。蒙古国边境贸易纠纷解决相关的法律法规主要有2003年5月9日通过的《Монгол улсын арбитрын тухай хууль》(《蒙古国仲裁法》)、2002年1月10日实施的《Монгол улсынИХШХШХ хууль》(《蒙古国民事诉讼法》)以及2002年1月10日实施的《Монгол улсынш хийнхянаншийдвэргйцэдгээхтухай хууль》(《蒙古国法院判决执行法》)。《蒙古国法院判决执行法》对外国仲裁裁决在蒙古国的承认和执行做出了规定。2013年1月17日蒙古国又颁布《Мотол улс Эвлэруулэх Хууль》(蒙古国调解法),对中蒙边境贸易纠纷调解解决机制提供了法律依据。

一、协商调解机制

协商作为中蒙边境贸易纠纷解决机制当中的自力解决机制,主要依靠纠纷双方或一方当事人的力量,在边境贸易纠纷双方当事人的互相谅解和妥协下,解决中蒙边境贸易纠纷的一种机制。在蒙古国协商解决机制的运行情况与我国没有什么区别,所以本部分主要根据《蒙古国调解法》的相关规定,分析了蒙古国现行调解解决机制。蒙古国调解解决机制以所具有的程序灵活、简便,尊重纠纷双方当事人的合意,纠纷解决费用低和不影响双方继续合作关系等优势,已成为一种解决蒙古国中蒙边境贸易纠纷的有效机制。

《蒙古国调解法》的宗旨是通过确立非法院途径,在调解员调解下解决法律纠纷，调整与进行调解有关的关系①。《蒙古国调解法》第4.1.1条规定："调解"是指通过非法院途径解决各方之间发生的纠纷时调解员按照本法的规定和程序提供帮助的活动②。可见《蒙古国调解法》所说的"调解"已经用立法的形式把法院调解排除在外，只有在"非法院途径"下解决中蒙边境贸易纠纷才可以适用《蒙古国调解法》。

关于《蒙古国调解法》的适用范围，《蒙古国调解法》第3.1条规定："民事纠纷、个人劳动纠纷以及因家庭关系而发生的纠纷可以适用调解。"第3.2条规定："对于因本法第3.1条规定以外的关系发生的纠纷，只有法律有专门规定的情况下才能适用调解。"③ 所以，一般情况下《蒙古国调解法》解决的纠纷类型主要是民事纠纷、个人劳动纠纷和家庭关系而发生的纠纷。

《蒙古国调解法》第4.1.3条规定，"调解员"是指各方选任或者同意其调解该纠纷，在纠纷方面作出决定时负有提供帮助职责的专业人员④。《蒙古国调解法》第7条、第8条又分别规定了"法院调解员"和"国家机关、非政府机关调解员"的相关规定，第7.1、7.2条规定，"法院调解员"应安排编内和编外调解员在初审法院开展工作，本法第7.1条规定的调解员活动组织和人力资源领导由法院总委员会和该级法院办公室负责，相关预算由该法院预

---

① 《Мотол улс Эвлэруулэх Хууль》1："дүгээр зүйл.Хуулийн зорилт：1.1.Энэ хуулийн зорилт нь эрх зүйн маргааныг шүүхийн бус аргаар эвлэрүүлэн зуучлагчийн дэмжлэгчтэйгээр шийдвэрлэх эрх зүйн үндсийг тогтоох, эвлэрүүлэн зуучлалыг хэрэгжүүлэхтэй холбогдсон харилцааг зохицуулахад оршино."

② 《Мотол улс Эвлэруулэх Хууль》4.1.1："эвлэрүүлэн зуучлал" гэж талуудын хооронд үүссэн маргааныг шүүхийн бус аргаар шийдвэрлэхэд энэ хуульд заасан үндэслэл, журмын дагуу дэмжлэг үзүүлэх эвлэрүүлэн зуучлагчийн ажиллагааг.

③ 《Мотол улс Эвлэруулэх Хууль》3.1："Иргэний эрх зүйн маргаан, хөдөлмөрийн ганцаарчилсан маргаан болон гэр бүлийн харилцаанаас үүссэн маргаанд эвлэрүүлэн зуучлалыг хэрэглэнэ.
3.2.Энэ хуулийн 3.1-д заанаас бусад харилцаанаас үүссэн маргаанд эвлэрүүлэн зуучлалыг зөвхөн хуульд тусгайлан заасан тохиолдолд хэрэглэж болно."

④ 《Мотол улс Эвлэруулэх Хууль》4.1.3："эвлэрүүлэн зуучлагч" гэж тухайн маргаанд зуучлуулахаар талуудын сонгосон буюу зөвшөөрсөн, маргааны талаар шийдвэр гаргахад нь дэмжлэг үзүүлэх үүрэг бүхий мэргэшсэн этгээдийг.

算承担①。第8.1、8.2条规定:"国家机关和非政府机关、专业联盟按照其业务方向可以聘用解决因该行业法律关系而发生纠纷的调解员。""应将具有高等学历、参加调解员培训并取得证书、被纳入以该方向开展调解业务的调解员名册登记的专业调解员聘为本法第8.1款规定的调解员。"这种立法的形式规定了调解员的种类和参加调解活动主持调解工作的调解员资格②。在蒙古国调解边境贸易纠纷的调解员必须经过参加培训并且获得调解员证书才能开展调解业务,所以在中蒙边境贸易纠纷的调解解决过程中降低了调解协议的反悔率,提高了调解解决机制的效率。

《蒙古国调解法》第18条规定了调解活动一般规则。根据《蒙古国调解法》第18.1条规定:"禁止各方以未经告知对方会见调解员、请求或者要求调解员以律师身份参与该纠纷等非法作为、不作为实施使调解员丧失中立地位的行为。"第18.2条规定:"调解员无论在执行任务还是在不再工作时都不得泄露其在工作范围内获得的信息。"③用立法形式保证调解员的中立性,并且采取措施预防调解员在调解活动过程中获得信息的非法利用。《蒙古国调解法》还规定,对于未经纠纷各方同意向他人披露调解活动过程中发现信息者应追究本法规定的法律责任,对调解解决机制当中的调解规则进行了

---

① 《Мотол улс Эвлэруулэх Хууль》7："7.1Анхан шатны шүүх дээр орон тооны болон орон тооны бус эвлэрүүлэн зуучлагч ажиллана.

7.2.Энэ хуулийн 7.1-д заасан эвлэрүүлэн зуучлагчийн үйл ажиллагааны зохион байгуулалт, хүний нөөцийн удирдлагыг Шүүхийн ерөнхий зөвлөл болон тухайн шүүхийн тамгын газар хариуцаж, холбогдох төсвийг тухайн шүүхийн төсвөөс гаргана."

② 《Мотол улс Эвлэруулэх Хууль》8："8.1Төрийн болон төрийн бус байгууллага, мэргэжлийн холбоо үйл ажиллагааныхаа чиглэлийн дагуу тухайн салбарын эрх зүйн харилцаанаас үүссэн маргааныг шийдвэрлэх эвлэрүүлэн зуучлагчийг ажиллуулж болно.

8.2.Энэ хуулийн 8.1-д заасан зуучлагчаар дээд боловсролтой, эвлэрүүлэн зуучлагчийн сургалтад хамрагдан эрхийн гэрчилгээ авсан, тухайн чиглэлийн асуудлаар эвлэрүүлэн зуучлах ажиллагаа явуулах эвлэрүүлэн зуучлагчийн нэрсийн жагсаалтад бүртгэгдсэн мэргэшсэн эвлэрүүлэн зуучлагчийг ажиллуулна."

③ 《Мотол улс Эвлэруулэх Хууль》18："18.1.Талууд эсрэг талдаа мэдэгдэхгүйгээр зуучлагчтай уулзах, тухайн маргаанд өмгөөлөгчөөр ажиллах талаар эвлэрүүлэн зуучлагчид хүсэлт, шаардлага тавих зэрэг хууль бус үйлдэл, эс үйлдэхүйгээр эвлэрүүлэн зуучлагчийн төвийг сахисан байр суурийг алдагдахуйц үйлдэл хийхийг хориглоно.

18.2.Эвлэрүүлэн зуучлагч өөрийн ажил үүргийн хүрээнд олж авсан мэдээллийг ажил үүргээ гүйцэтгэж байх үед болон ажлаас чөлөөлөгдсөнөөс хойш задруулж үл болно."

规范。

关于保障调解协议之履行方面,《蒙古国调解法》第27.1条规定:"义务人未履行其经本法第8条规定的调解员调解达成的调解协议承担的义务,则另一方有权按照《民事诉讼法》第3.1条的规定诉诸法院。"在中蒙边境贸易纠纷调解解决过程中只要双方达成的调解协议是由《蒙古国调解法》规定的"调解人员"做出的,有调解协议中的义务人按协议要求履行义务,如果义务人违反调解协议不履行义务,另一方有权按照《民事诉讼法》第3.1条的规定起诉到法院寻求诉讼解决纠纷。关于调解协议的效力方面,《蒙古国调解法》第30.2条规定,经调解各方之间达成调解的,法院应当按照《民事诉讼法》规定的程序确认各方达成的调解,用司法确认的方式给调解协议赋予法律效力。

为了健全和完善中蒙边境贸易纠纷调解机制,建立有效的调解路径,《蒙古商事调解法》也已出台,目前主要由蒙古国法院系统下的33个法院、43名调解员从事中蒙边境贸易纠纷的调解工作。此外,蒙古国工商会被授权参与中蒙边境贸易纠纷的调解,附属于蒙古国工商会的国际调解中心有15名调解员都是经国际认可、受过英国有效争议中心CEDR专门培训[1]。所以《蒙古商事调解法》的出台,对于蒙古国能有效解决中蒙边境贸易纠纷具有重要的意义。

二、仲裁机制

仲裁是蒙古国解决中蒙边境贸易纠纷的重要路径,《蒙古国仲裁法》第5.1条规定:"仲裁机构分为常设仲裁机构和临时仲裁机构两种形式",《蒙古国仲裁法》第5.2条规定:"常设仲裁机构可以设在工商厅和以保护生产者、消费者利益为目的开展活动的非政府机关及其联合",《蒙古国仲裁法》第

---

[1] 《中蒙磋商启动联合调解机制》,《中国贸易报》(北京)2016年7月28日,第2版。

5.7条规定:"争议当事人通过签订书面协议逐个设立临时仲裁机构。"① 蒙古国的常设仲裁机构为蒙古国家商会,还有多个调解中心。《蒙古国仲裁法》第6条规定了在蒙古国国内仲裁的法律框架。当事人根据法律、蒙古国参加的国际条约规定,可以约定公民、法人之间发生的争议是否提交到仲裁机构由仲裁机构裁决。但是根据《蒙古国民事诉讼法》第13.3条规定的纠纷和法律规定的由法院、其他有权机关或者公职人员专属管辖的纠纷不能提交到仲裁机构进行仲裁②。蒙古国的一般性原则即法院不得干涉或规避在蒙古国进行的仲裁程序。只有在法律规定的特殊情况下,才可以干涉已经同意以仲裁方式解决纠纷的当事人的仲裁程序。

《蒙古国仲裁法》第5.1条规定的,中蒙边境贸易纠纷的临时仲裁机构是指根据中蒙边境贸易纠纷双方当事人之间的仲裁协议,边境贸易纠纷双方当事人发生纠纷以后,由双方当事人推选仲裁员,临时组成中蒙边境贸易纠纷仲裁庭,该仲裁庭只负责审理本案,并在审理终结、作出此边境贸易纠纷案件仲裁裁决后立即自行解散③。《蒙古国仲裁法》规定的临时仲裁机构是仲裁机构的初始形态,临时仲裁比机构仲裁历史悠久,目前仍得到很多国家的承认,特别是在蒙古国中蒙边境经济技术合作贸易纠纷处理方面,临时仲裁是主要的仲裁解决机制。目前临时仲裁制度事实上已由我国和蒙古国加入的联合国《承认及执行外国仲裁裁决公约》第1条第3款确立。从表5-8的数据

---

① 《Монголулсын арбитрынтухай хууль》5:"5.1.Арбитр нь байнгын болон түр хэлбэртэй байна.

5.2.Байнгын арбитрыг худалдаа аж үйлдвэрийн танхим, үйлдвэрлэгчдийн болон хэрэглэгчдийн эрх ашгийг хамгаалах чиглэлээр үйл ажиллагаа явуулдаг төрийн бус байгууллага, тэдгээрийн нэгдлийн дэргэд байгуулж болно.5.7.Түр арбитрыг маргагч талууд тухай бүр бичгээр тохиролцон байгуулна."

② 《Монголулсын ИХШХШХ хууль》13.3:"Талууд байгуулсан гэрээндээ маргаан гарвал арбитраар шийдвэрлүүлэхээр заагаагүй буюу энэ талаар хэлэлцэн тохиролцоогүй, эсхүл Засгийн газар хоорондын хэлэлцээрээр маргааныг арбитраар шийдвэрлүүлэхээр заагаагүй бол нэхэмжлэлийг шүүх шийдвэрлэнэ."

③ 《Монголулсын арбитрынтухай хууль》5.1:"Аль нэг тал нь энэ хуульд зааснаас өөрөөр талууд тохиролцож болох боломжтой заалтын талаар, эсхүл арбитрын хэлэлцээрийн аль нэг шаардлагыг биелүүлээгүй болохыг мэдэж байсан боловч тэр тухай даруй, эсхүл тогтоосон хугацааны дотор гомдол гаргалгүйгээр арбитрын ажиллагаанд үргэлжлүүлэн оролцсон бол түүнийг гомдол гаргах эрхээсээ татгалзсан гэж үзнэ."

看，蒙古国适用"国际仲裁"裁决的案件数量呈逐年增长的趋势。

表 5-7 2005—2010 年蒙古国国际仲裁裁决的案件统计[①]（单位：件）

年	国际仲裁裁决的案件数量
2005	15
2006	26
2007	24
2008	18
2009	31
2010	33

资料来源：Монголын үндэсний Арбитрын шийдвэрлэрлэсэн хэргийн эмхтгэл（2006-2011）

在蒙古国可以选择临时仲裁机构来解决中蒙边境贸易纠纷，有关临时仲裁机构的组成及其仲裁活动规则、仲裁程序、法律适用、仲裁地点、裁决方式以及仲裁费用等都可以由边境贸易双方当事人协商确定。《蒙古国仲裁法》第5.8条又规定："蒙古国常设仲裁机构和临时仲裁机构的纠纷解决活动应当按照同一原则进行。"[②]但是，边境贸易纠纷双方当事人实际选择临时仲裁机构解决纠纷的过程中，是由边境贸易争议的双方当事人根据纠纷发生之前或发生纠纷之后达成的协议来选定独立的第三方，对纠纷进行仲裁的一种纠纷解决机制，无须固定机构的管理[③]。可见在中蒙边境贸易纠纷的仲裁解决机制当中选择临时仲裁机构，有它自身的优势，主要表现在以下几个方面：

（一）自主性

中蒙边境贸易纠纷选择临时仲裁机构解决纠纷时，最大的优势就是其高度的自主性。与诉讼解决机制相比机构仲裁也有一定自主性，但是选择机构仲裁必须按照仲裁程序与仲裁规则行事，纠纷当事人对仲裁员的选择、仲裁

[①] А.Золжаргал：Монголын үндэсний Арбитрын шийдвэрлэрлэсэн хэргийн эмхтгэл（2006-2011）2012он，221.

[②]《Монголулсын арбитрынтухай хууль》5.8："Байнгын болон түр арбитрын маргаан шийдвэрлэх ажиллагаа адил зарчмаар явагдана."

[③] 丁美玲：《临时仲裁在中国构建的可行性》，《法制博览》2016年第1期（中），第213页。

地的确定等问题上，自主性选择也会受到较大制约。而选择临时仲裁机构来解决中蒙边境贸易纠纷的过程中，纠纷当事人不仅能自主选择仲裁环节中的仲裁员的选任、仲裁地的确定和仲裁规则的选用等相关事项，而且临时机构仲裁的仲裁员和仲裁庭经当事人授权也享有很大自主权，自由裁量空间较大。

（二）高效性

中蒙边境贸易纠纷解决寻求的就是快速解决纠纷的高效率需求，因为边境贸易纠纷本身的临时性和跨界性，需要短时间内解决纠纷才能获取更多的实现贸易流动产生利润。选择诉讼与机构仲裁解决机制因其要遵循严格的程序和规则进行各个步骤，这样一定程度上延长了中蒙边境贸易纠纷解决的时间，而选择临时仲裁解决机制中边境贸易纠纷当事人有较大的自主选择的空间和自主权，所以从纠纷双方当事人自身利益出发，必然会选择最符合边境贸易纠纷解决所需要的，快捷而高效解决纠纷的临时仲裁解决机制。

（三）平等性

目前，随着中蒙两国法治化水平的提高，机构仲裁解决机制日益呈现出司法化的趋势，人们又把它称之为"准司法程序"。在机构仲裁解决机制中纠纷双方当事人之间的对抗性呈越来越强的发展趋势，而临时仲裁机制是基于双方当事人之间的合意、自主选择的，包括临时仲裁的仲裁员、仲裁地的确定和仲裁规则都由纠纷双方当事人协商确定，所以临时仲裁的更能体现双方当事人的平等性与合意，并且有利于当事人自觉履行仲裁裁决。

蒙古国是《关于承认及执行外国仲裁机关裁决》（纽约公约）的成员国之一，因此在蒙古国可以通过法定程序申请执行外国仲裁裁决。为申请执行外国仲裁裁决，申请人向相关地区法院（如被申请人所在地）必须提交一份仲裁裁决的复印件（同时提交一份蒙古语的翻译件）。根据《蒙古国仲裁法》第43条规定，初审法院应该确认仲裁裁决的效力并予以执行。申请执行程序必须在做出仲裁裁决之日起三年内提出。当初审法院做出执行通知时，仲裁裁决可以同法院判决一样被执行①。

三、民事诉讼机制

蒙古国法院的基本建制有国家最高法院，省、首都法院，县和县际法院，区法院组成。根据刑事、民事和行政等审判工作类别设立专门法院，专门法院的活动和裁决受国家最高法院的监督。蒙古国有三个层级的法院，蒙古国民事诉讼遵守三审终审制度，一审法院，县、县际和县辖区法院对一审民事案件有管辖权。上诉法院，设于各省首府的省级法院以及位于乌兰巴托的首都法院对更加严重的民事案件（争议金额超过1000万图格里克）具有一审管辖权。上诉法院还审理低级法院提交的上诉案件。该等法院的法官审理一审和上诉案件。位于乌兰巴托的最高法院是最高级别的法院，有权审理一审案件中其他法院没有明确管辖权的案件，依据监督规则和越级控告审查下级法院的裁决，审理有国家总检察院、宪法法庭移交的关于维护法律及法律规定的人权与自由案件，以及对省级法院和首都法院判决提起上诉的案件，还可以对除宪法以外其他法律的正确运用做出正式解释。在蒙古国国家最高法院的裁决作为最终裁决，所有其他法院、其他有关各方必须执行最高法院的相关裁决②。

根据《蒙古国民事诉讼法》第13.2条规定："法律、蒙古国参加的国际条约规定的或由当事人约定的，公民、法人之间发生的争议通过仲裁解决"，则蒙古国法院没有管辖权③。《蒙古国民事诉讼法》第13.3条规定："当

---

① 《Монголулсын арбитрынтухай хууль》43："дугаар зүйл.Талууд эвлэрэх：43.1.Арбитрын ажиллагааны явцад талууд эвлэрсэн бол арбитрын бүрэлдэхүүн ажиллагааг дуусгавар болгох ба талууд ийнхүү хүсэлт гаргасныг арбитрын бүрэлдэхүүн татгалзаагүй бол эвлэрлийн нөхцөлийг арбитрын үндсэн шийдвэрт тусгаж баталгаажуулна.

43.2.Талууд эвлэрсэн тухай арбитрын үндсэн шийдвэр энэ хуулийн 44 дүгээр зүйлд заасан шаардлагыг хангасан байх ба арбитрын үндсэн шийдвэр мөн болохыг уг шийдвэрт тусгайлан заана. Уг шийдвэр нь арбитрын үндсэн шийдвэрийн адил хүчин төгөлдөр хэрэгжинэ."

② 龙飞：《蒙古国的司法改革：措施与评价》，《人民法院报》2010年12月03日。

③ 《Монголулсын ИХШХШХ хууль》13.2："Хууль, Монгол Улсын олон улсын гэрээнд заасан буюу зохигч хэлэлцэн тохиролцсон бол иргэн, хуулийн этгээдийн хоорондүүссэн маргааныг арбитр шийдвэрлэнэ."

事人之间签订的合同中没有约定发生纠纷时通过仲裁解决或者在这方面协商不成，或者在政府之间协议中没有约定通过仲裁解决争议的，则诉讼由法院解决。"[①] 根据《蒙古国民事诉讼法》第14.1条规定："如果法律或者合同没有其他规定，则原告应该向被告住所地法院提起诉讼"，是按照被告住所地法院（居住地）管辖起诉的原则性规定[②]。《蒙古国民事诉讼法》第15.2条规定："如果合同专门约定履行地点的，则与合同有关的诉讼可以向该合同履行地的法院提出"，对原告选择的地域管辖做出规定[③]。《蒙古国民事诉讼法》第16.2条规定："与居住在国外的蒙古国公民、法人有关的诉讼，既可以向原告住所地、居住地法院提出，也可以向被告财产所在地法院提出"，对特殊管辖做了规定[④]。根据《蒙古国民事诉讼法》规定，中国投资者在蒙古国投资合作如果发生纠纷，可以向当地法院起诉，诉讼程序使用蒙古语，法院适用蒙古国法律。

笔者在蒙古国扎门乌德口岸发放的蒙古国在中蒙边境贸易纠纷解决中选择法院，通过诉讼解决机制的问卷调查中设置了"您或周围的人遇到边境贸易纠纷时，有没有去法院解决过？"的选项。从表5-8来看，在100个被调查的中蒙边境贸易参与主体当中只有8个人选择去法院解决边境贸易纠纷，"没有"和"不清楚"选项数据说明，在蒙古国大多数从事中蒙边境贸易的当事人对法院诉讼解决机制没有直接的感性认识，所以在蒙古国中蒙边境贸易纠纷通过民事诉讼解决机制解决的比例只有8%，比我国法院诉讼解决机制的利用度还要低。

---

① 《Монголулсын ИХШХШХ хууль》13.3.："Талууд байгуулсан гэрээндээ маргаан гарвал арбитраар шийдвэрлүүлэхээр заагаагүй буюу энэ талаар хэлэлцэн тохиролцоогүй, эсхүл Засгийн газар хоорондын хэлэлцээрээр маргааныг арбитраар шийдвэрлүүлэхээр заагаагүй бол нэхэмжлэлийг шүүх шийдвэрлэнэ."

② 《Монголулсын ИХШХШХ хууль》14.1.："Хууль буюу гэрээнд өөрөөр заагаагүй бол нэхэмжлэлийг хариуцагчийн оршин суугаа газрын шүүхэд гаргана."

③ 《Монголулсын ИХШХШХ хууль》15.2.："Гэрээнд үүрэг гүйцэтгэх газрыг тусгайлан заасан бол түүнтэй холбогдсон нэхэмжлэлийг уг гэрээг биелүүлбэл зохих газрын шүүхэд гаргаж болно."

④ 《Монголулсын ИХШХШХ хууль》16.2.："Гадаадулсын нутаг дэвсгэр дээр байгаа Монгол Улсын иргэн, хуулийн этгээдтэй холбоотой нэхэмжлэлийг нэхэмжлэгчийн оршин суугаа /оршин байгаа/ газрын, эсхүл хариуцагчийн эд хөрөнгө байгаа газрын шүүхэд гаргаж болно."

5-8 蒙古国法院的利用度

选项	有	没有	不清楚
人数	8	68	14

需要注意的是，蒙古国《法院判决执行法》第81条"关于承认外国法院判决、仲裁机关裁决"的规定非常简单。蒙古国《法院判决执行法》第81.1条仅规定："在蒙古国领土上执行外国法院、仲裁机关判决或裁决的程序，由本法和蒙古国国际条约规定。"[①] 因此如不存在中蒙两国相互承认法院判决的公约或条约，我国法院判决将不会被蒙古国法院所承认。

在蒙古国边境口岸进行问卷调查中设置的"您或周围的人遇到边境贸易纠纷时，您是更想自己协商解决还是去法院解决？"从这项选项的数据表5-9来看，被调查的蒙古国从事中蒙边境贸易的当事人有34人选择协商解决，有46个人选择去法院解决，还有20人没有做出选择。这样看起来被调查的在蒙古国从事边境贸经营者有54%的人在选择边境贸易纠纷解决方案时，诉讼解决机制已经被排除出去了。

表5-9 自力救济与法院解决选择的倾向

选项	自力解决	法院解决
数据	34	46

上述调查问卷数据表明，在蒙古国中蒙边境贸易纠纷解决机制当中，民事诉讼解决机制的利用率不高，为了进一步了解其他边境贸易纠纷解决机制的利用情况，笔者在蒙古国的问卷调查点里也设置了"您与他人发生边境贸易纠纷后首先想到的是？"选项[②]。具体被调查的蒙古国边境贸易经营者对不同纠纷解决机构的选择情况的数据用表5-10进行了整理。

---

① 《Монголулсыншхийнхянаншийдвэргйцэдгээхтухай хууль》81.1："Монгол Улсын нутаг дэвсгэр дээр гадаад улсын шүүх, арбитрын шийдвэрийг гүйцэтгэх журмыг энэ хууль, Монгол Улсын олон улсын гэрээгээр тодорхойлно."

② A.算了，忍一忍；B.协商解决；C.第三方调解解决；D.工商局投诉解决；E.当地政府管理部门调解解决；F.法院解决；G.司法所解决。

表 5-10　不同纠纷解决机制的选择（多选项）

选项	A	B	C	D	E	F	G
数额	16	30	18	10	24	8	12

表5-10问题选项上没有限制被调查者只选择一项选项，所以表5-10的总数超出了发放问卷100份的总数。说明有些被调查者确实发生过边境贸易纠纷，并且通过自己选择的机构和纠纷解决机制解决过边境贸易纠纷，还有一部分被调查者应该没有发生过纠纷，但是依据自己的了解或者通过其他周围人的介绍做出了选择。所以表5-10的数据分析，为我们了解蒙古国现行纠纷解决机制的运行现状提供了间接的参考，从表5-10的数据看，把A选项和B选项都包括在自力解决机制里，就有46%的当事人在发生边境贸易纠纷时，通过自力解决机制来解决纠纷；把C选项作为民间调解解决机制的话，有18%的边境贸易纠纷当事人选择没有任何管理职权的中立的第三方来解决纠纷；把D、E、G选项作为行政管理职权的行政调解机制来看，有46%的边境贸易纠纷当事人愿意选择有相关行政职权的机关来调解边境贸易纠纷；F选项无疑是选择法院诉讼解决机制来解决中蒙边境贸易纠纷的选项数据只有8%，所以在蒙古国，中蒙边境贸易纠纷现行解决机制也各显优势来发挥边境贸易纠纷解决的作用，但是各种边境贸易纠纷解决机制都有自身的局限性，在中蒙边境贸易纠纷解决过程中存在不同的问题。

本章分别陈述了目前中蒙两国对中蒙边境贸易纠纷的现行解决机制，然后结合对中蒙两国边境口岸参与边境贸易不同主体分别进行的各类现行纠纷解决机制运行情况的问卷调查数据，重点分析中蒙边境贸易纠纷自力解决机制、调解解决机制、仲裁解决机制、民事诉讼解决机制在中国和蒙古国解决中蒙边境贸易纠纷时体现出的优势与运行状况，作出详细的归纳和总结。还通过大量的蒙古国边境贸易纠纷解决机制相关法律法规和文献材料的整理和解读，对中蒙两国中蒙边境贸易纠纷现行解决机制的运行状况进行比较研究，指出虽然蒙古国中蒙边境贸易纠纷的解决途径与我国基本相似，但是由于两个国家政治体制与司法制度的差异，解决中蒙边境贸易纠纷的方式也不尽相同。目前，中蒙两国中蒙边境贸易纠纷现行解决机制各显优势和存在不同的问题。

第六章　中蒙边境贸易纠纷解决机制存在的问题

　　随着"一带一路"倡议的实施，中蒙两国双边边境贸易关系进一步发展，贸易往来日益频繁，中蒙边境贸易纠纷也随之增加，及时解决边境贸易纠纷已成为一个重要课题。中蒙边境贸易纠纷含有涉外因素，在很多情况下需要考虑案件的管辖权、法律适用、甚至是判决或仲裁裁决将来执行的可能性等问题。与单纯的国内贸易纠纷相比，中蒙边境贸易纠纷的解决更为复杂。边境贸易纠纷如果不能得到快速、合理、有效的解决，将会影响中蒙边境贸易秩序和中蒙边境贸易关系的进一步发展。但是当前中蒙边境贸易纠纷的解决和国内普通贸易纠纷的解决方式一样，主要有协商、调解、仲裁和诉讼四种方式。根据是否通过法院审判权来解决纠纷，把中蒙边境贸易纠纷的解决方式分为诉讼解决机制和非诉讼解决机制两类。诉讼解决机制是指中蒙边境贸易纠纷当事人向法院提起诉讼，通过法院根据民事诉讼法律法规进行审理和做出裁判的方式解决纠纷，而中蒙边境贸易纠纷非诉讼解决机制是指中蒙边境贸易纠纷当事人通过谈判、协商（和解）和由第三方调解或选择仲裁机构仲裁解决纠纷的具体程序、方式和制度总称。本部分结合实证调研和问卷调查，对现行中蒙边境贸易纠纷非诉讼解决机制和诉讼解决机制存在的问题进行详细分析。

第一节 中蒙边境贸易纠纷非诉讼解决机制存在的问题

一、协商解决机制存在的问题

当前,中蒙边境贸易纠纷解决机制比较单一,多数边境贸易纠纷均采取自力(协商)解决机制。协商解决机制是以边境贸易纠纷双方当事人的相互谅解与妥协为基础,双方当事人自主选择适合自己的方式,合意解决边境贸易纠纷的解决方式。协商解决机制符合中蒙边境贸易纠纷解决的成本低、时间短、效率高的需求,既能解决纠纷又不影响双方继续贸易合作和信誉,已成为目前解决中蒙边境贸易纠纷的首选机制。但协商解决机制在实际操作过程中还存在诸多问题。

(一)协商的过程缺乏监督

协商是双方当事人的行为,整个过程缺乏第三方的监督,可能导致弱势一方当事人的权利受到损害。而事实上,强势地位的一方当事人往往通过自身的优势控制整个协商过程,迫使弱势地位的当事人做妥协和让步,这使得协商的公正性难以保证。此外,当事人协商的具体内容并不为外界所知,如涉及违反法律禁止性规定或损害社会公共利益与第三方合法权益的内容时,往往难以被发现,也会使当事人借协商之名规避法律的禁止性规定。

(二)协商没有期限限制

协商解决中蒙边境贸易纠纷没有严格的时限要求,如果当事人利益分配等问题上长期达不成一致意见,那么协商可能拖延很长时间,最终和解协议的形成也会遥遥无期。有时,当事人也可能以协商为借口,故意拖延纠纷的解决。

案例6-1　蒙古国消费者阿木尔图布新于2015年2月12日从蒙古国扎门乌德口岸西蒙水泥厂（中国）购买装修工程需要的325型号水泥，以每吨260元人民币的价格购买了2400吨，合同约定买方一次性支付2400吨水泥款共计624000元人民币，卖方（西蒙水泥厂）从2015年5月至2016年6月之间分三次送予买方：2015年6月之前发第一批水泥1000吨给买房工程施工地点乌兰巴图市，2015年10月之前发第二批水泥1000吨给买房工程施工地点乌兰巴图市，2016年6月之前发第三批水泥400吨给买房工程施工地点乌兰巴图市。但是从2015年10月11日买方收到第二批1000吨水泥后一直到2016年10月20日迟迟没收到第三批400吨水泥。事后因为装修工程的需要2016年6月开始消费者与卖方（西蒙水泥厂）沟通协商过三次（分别是2016年6月20日电话沟通，2016年7月15日到水泥厂沟通协商，2016年9月13日电话协商），协商结果是卖方（西蒙水泥厂）的说辞相同：现有生产的水泥不够，过几天又说马上发货。但是到了协商日期照样不发货也不给退回400吨水泥款。

本案当事人卖方（西蒙水泥厂）几次协商不履行合同义务，协商结果有无强制执行力，最后通过蒙古国公平竞争与消费者保护局扎门乌德消费者中心投诉，由蒙古国公平竞争与消费者保护局扎门乌德消费者中心转到二连浩特市工商局12315消费者申诉中心，2016年10月25日在蒙古国公平竞争与消费者保护局扎门乌德消费者中心和二连浩特市工商局12315消费者申诉中心工作人员出面调解，买卖双方签署了调解协议，2016年10月26日卖方（西蒙水泥厂）把剩余的400吨水泥按时发货给消费者，解决了此纠纷。

在中蒙边境贸易中，与本案类似的中蒙边境贸易纠纷双方当事人自力（协商）解决纠纷经多次协商无果，造成经营者财产损失的情况不在少数。笔者在内蒙古自治区二连浩特市温州商城和义乌市场走访发现，很多蒙古国边境贸易经营者购货(日用品、家居用品和服装)时一般先支付一部分货款,另一部分在下一次购货时付款,中方经营者为了成批量走货(价钱也比国内销售价格贵),只能答应对方先拿货后付款。蒙方经营者下一次购货时会按时付款,但是也有不少蒙方经营者下一次不再到原处(欠债的中方经营者)购货或者不付欠款,需要双方不断地协商付款日期。但是因为协商没有期限限制,对方不断地拖延付款期限。欠货款的一方边境贸易经营者经常这次来说下次给,下次来说再下次付,久而久之,无法保证对方的合法权益。

(三)协商的结果不具有终局性

协商解决中蒙边境贸易纠纷的前提是当事人自愿进行,当双方利益分歧较大且情绪对立时,可能最终无法达成和解协议,当事人不得不再寻求其他解决纠纷方式。而且,即使边境贸易纠纷双方当事人通过协商达成了和解协议,和解协议也只具有合同效力,事后如果一方当事人不履行,对方当事人仍然需要到法院起诉或提交仲裁机构解决纠纷。可见,协商解决中蒙边境贸易纠纷不具有强制性,其结果也不具有终局性。

最主要的是对中蒙边境贸易纠纷协商解决机制没有进行规范和引导,伴随中蒙边境贸易交往过程中的负面效应而滋生的人际冷漠和诚信缺失,致使整个中蒙边境贸易市场的协商解决机制尚未形成。无论是小额边境贸易,还是在劳务输出合同、边民互市贸易、跨境经济合作区贸易往来和经济技术合作贸易等都缺乏边境贸易双方最基本的信任,和解协商解决纠纷的难度大,和解协议的反悔率也比较高[①]。

二、调解解决机制存在的问题

调解解决机制成为世界各国边境贸易纠纷有效解决机制之一,得到我国边境地区的法院和行政机关的大力支持。主要原因在于调解解决纠纷程序的灵活性和调解员的中立性,在解决中蒙边境贸易纠纷过程中适当地运用调解机制,不但具有效率高、成本低的特点,也可以维系边境贸易合作伙伴之间

---

① 范愉:《以多元化纠纷解决机制保证社会的可持续发展》,《法律适用》2005年第2期,第4页。

的友好关系，通过平等性与非公开性的方式使双方降低损失和保护信誉，达到纠纷解决双赢的效果。

除了以上提及的调解机制的共性外，中蒙边境贸易纠纷的调解过程也不受地域限制。纠纷双方可以任意选择合适的地方，协商选定调解员和调解规则进行调解，特别适合处理跨境边境贸易纠纷。调解机制与诉讼和仲裁机制不一样，调解过程中不需要裁定司法管辖权或适用法律等争议，完全由纠纷双方为主导。随着调解机制的国际化发展，调解员在处理跨界边境贸易纠纷时也需要考虑随时遇到的问题，包括跨界而居相邻国家的边境贸易法律法规及司法制度的不同、语言文化差异、当地惯常的调解方式等。本书结合中蒙边境贸易纠纷调解解决机制的实际情况，将中蒙边境贸易纠纷的调解机制分为民间调解机制、行政调解机制和商事调解机制三类。

（一）民间调解机制存在的问题

民间调解机制是我国纠纷解决领域具有"东方经验"之称的，专门解决民间纠纷的一种群众性自治制度，它在解决中蒙边境贸易纠纷、维护中蒙边境民族地区社会安定等方面发挥着重要作用。中蒙边境贸易纠纷的民间调解是指调解委员会作为中立的第三方对中蒙边境贸易纠纷双方当事人进行劝说、疏导等方法，让边境贸易纠纷双方当事人在自愿、平等的基础上，通过协商达成调解协议，解决中蒙边境贸易纠纷的活动[1]。民间调解机制在中蒙边境贸易纠纷的解决过程中具有减小当事人纠纷解决的成本、减轻边境地区法院司法诉讼压力等功能，同时预防和减少中蒙边境民族地区大规模群体性纠纷，稳定我国北部边疆社会秩序有重要的作用[2]。

由于我国民间调解机制固有的不足以及中蒙边境贸易纠纷的特殊性，目前中蒙边境贸易纠纷民间调解机制在解决中蒙边境贸易纠纷中的作用并未充分发挥。我国民间调解机制在解决中蒙边境贸易纠纷的实践中还存在以下问题：

---

[1]《中华人民共和国人民调解法》第2条："本法所称人民调解，是指人民调解委员会通过说服、疏导等方法，促使当事人在平等协商基础上自愿达成调解协议，解决民间纠纷的活动。"

[2] 范愉：《非诉讼程序（ADR）教程》，北京：中国人民大学出版社，2002年，第234页。

1.民间调解的利用率低

由于在中蒙边境地区，尤其是对蒙古国的边境贸易经营者的宣传不够，导致一些蒙古国边境贸易经营者并不熟悉我国的民间调解制度。对我国民间调解机制在解决中蒙边境贸易纠纷解决领域的优越性和适用范围缺乏了解，使民间调解制度在中蒙边境贸易纠纷解决中发挥的作用有限。

2.民间调解机构（人员）不足

随着中蒙边境贸易领域合作范围的不断扩大，中蒙边境贸易纠纷逐渐呈现出多样性和复杂性，这对参与边境贸易纠纷的调解人员和调解组织提出了新的要求，我国专门解决中蒙边境贸易纠纷的民间调解组织（人员）和机构不多见。2016年7月笔者在中蒙边境口岸所在地乡、镇（珠恩哈达布琪口岸和甘其毛都口岸）调研时发现当地的民间调解组织（人员）形成网格化管理，乡、镇甚至农村嘎查、牧区的村都有村委会成员和老一辈的共产党员组成的调解人员，但是没有专门针对解决中蒙边境贸易纠纷的调解人员，有些乡镇也没有熟练掌握蒙古语的调解人员。这些专业性民间调解机构的欠缺，阻碍了中蒙边境贸易纠纷民间调解机制在解决边境贸易纠纷方面进一步发挥的作用。

3.民间调解的适用范围窄

因为中蒙边境贸易纠纷大多具有涉外因素，我国具有涉外因素的边境贸易纠纷原则上不可以适用民间调解机制。根据我国现行《人民调解法》的规定，人民法院、公安机关或其他行政机关已经受理的中蒙边境贸易纠纷，以及只能由专责机关管辖处理或禁止采用民间调解方式解决的涉外因素的中蒙边境贸易纠纷，不属于我国民间调解机制解决纠纷的范围。新时期，中蒙边境贸易纠纷民间调解以其程序灵活、效率高、成本低等优势，为化解各类矛盾纠纷、维护中蒙边境地区社会稳定做出了重大贡献。目前，随着中蒙边境贸易的不断发展和经济贸易交往的频繁，边境贸易纠纷的种类繁多，涉及边境贸易纠纷主体范围也具有多样性，属于涉蒙古国当事人的中蒙边境贸易纠纷不能通过民间调解机制解决。所以我们应当根据中蒙边境贸易纠纷的地域性、跨界性、涉外性和可协调性的特点，对中蒙边境贸易纠纷民间调解机制进行适度的调整和创新。

（二）行政调解机制存在的问题

中蒙边境贸易纠纷的行政调解也称行政机关调解，是指有行政管理职权的国家行政机关或行政机关工作人员作为调解主体，依据国家边境贸易相关政策和法律法规的规定，通过对中蒙边境贸易纠纷双方当事人进行劝说等方式，让中蒙边境贸易纠纷双方当事人在自愿、平等的基础上，通过协商达成调解协议，解决中蒙边境贸易纠纷机制。中蒙边境贸易纠纷的行政调解有以下几种情况：行政机关在行使管理职能时附带对当事人之间的中蒙边境贸易纠纷进行调解，例如主管的行政机关（工商局）调解消费者纠纷、医疗事故纠纷等；基层人民政府（主要是口岸管理委员会、司法局）对中蒙边境贸易纠纷的调解；以及各级政府口岸办为主的外事机构（口岸办、外事办、海关等）对中蒙边境贸易纠纷的调解。

行政调解是我国法律赋予行政机关的一项职权，在中蒙边境贸易纠纷的行政调解过程中要依据国家行政机关管理权限和《公务员法》规定的国家公务人员行为准则，在纠纷双方当事人自愿选择的基础上对边境贸易纠纷进行调解。中蒙边境贸易纠纷的行政调解机制比起中蒙边境贸易纠纷的民间调解机制更具有权威性和规范性的特点，所以边境贸易纠纷当事人更愿意接受在行政机关主持下所达成的边境贸易纠纷的调解协议。行政机关在调解中蒙边境贸易纠纷时，与边境贸易相关领域的行政主管部门参与主持，并且这些行政管理部门具有国家机关的行政管理职能和社会服务职能，行政机关调解人员具有边境贸易相关政策法律的专业知识和纠纷解决的经验，对纠纷当事人积极宣传相关边境贸易法律知识的同时，能够按照相关法律规定有针对性地解决纠纷。

初步中蒙边境地区的边境贸易纠纷行政调解机制虽然建立，但也存在管理不规范、主体复杂等问题，应当根据中蒙边境贸易纠纷的特点，对之进行调整和创新。

1. 行政调解机构的设置缺乏系统性

我国涉及边境贸易的法律法规复杂，行政调解机制解决边境贸易纠纷而设定的边境贸易相关法律规范种类繁多、形式多样化，至今没有形成科学统一的行政调解规范体系，各种行政调解机构在解决具体边境贸易纠纷实践中"各自为战",行政调解机构之间的相互协调能力不够①。这不仅导致中蒙边境贸易纠纷当事人难以选择合适的行政机关调解其纠纷,也会造成各行政调解机构所依据的边境贸易相关法律法规的等级与内容的不相同而行政调解机构内部发生冲突,导致各种行政调解机构解决边境贸易纠纷的结果相互矛盾,纠纷解决的质量难以保证。

2.行政调解缺乏监督机制

中蒙边境贸易纠纷的行政调解主要是行政机关执行行政职权和管理职权的过程中附带解决中蒙边境贸易纠纷的行为,对边境贸易纠纷行政调解的过程和结果都缺乏相应的监督机制。如果参与边境贸易纠纷行政调解的行政机关通过其管理职权向边境贸易纠纷当事人施加压力,被管理的弱势一方当事人的合法权利难以得到保障。因此,在行政机关主持下达成的中蒙边境贸易纠纷行政调解解决结果的公正性难以得到保障。

3.增加了行政机关的负担

因为中蒙边境贸易纠纷的行政调解与民间调解相比,主持行政调解的公职人员要有一定的权威性和专业性,所以中蒙边境贸易纠纷的当事人会将大量的边境贸易纠纷转由行政机关调解解决。笔者在二连浩特口岸工商局访谈时了解到,在中蒙边境地区因为没有设立专门解决边境贸易纠纷的行政机构,目前对边境贸易市场有管理职权和对消费者权益保护职能的工商行政管理局,除了要处理工商行政管理相关的日常行政事务的同时还附带解决由蒙古国消费者在中蒙边境贸易活动中权益受损而申诉的大量中蒙边境贸易纠纷。这无疑加大了他们的工作量,尤其是在边境贸易旺季(如我国农历新年前后,正是蒙古国边境贸易消费者大量进入我国边境贸易口岸进行购货贸易的时候,因为蒙古国新年与我国农历新年往后一个月,他们这时候要储备过新年销售的货物和日用品),边境贸易行政调解相关的行政机关不得不在人力、财力方面加大投入。这给中蒙边境贸易纠纷进行行政调解的行政机关增加了很多工作负担。

---

① 朱最新:《社会转型中的行政调解制度》,《行政法学研究》2006年第2期,第75页。

(三)商事调解机制存在的问题

随着我国与蒙古国边境贸易的不断发展，商业活动频繁，中蒙边境贸易的合作规模也不断扩大，随之而来的是边境贸易纠纷的种类也日益增多。与民间调解和行政调解相比，中蒙边境贸易纠纷的商事调解具有极强的专业性，边境贸易纠纷商事调解的调解员都是经过层层挑选或推荐、商事调解中心正式聘请和专业培训，具有相关边境贸易知识和法学、经济等领域的专业人士，能够保证边境贸易纠纷商事调解的质量和公正性。

商事调解不仅具有民间调解和行政调解共同的特点，如纠纷双方当事人的自愿性、程序和方式的灵活性、调解活动的保密性等，同时也具有它自身独有的国际性和精湛的专业性的优势。中蒙边境贸易纠纷不同于一般的国内贸易纠纷，涉及中蒙两个国家的法律制度和纠纷主体，这就要求在边境贸易纠纷解决机制上要有所创新。中蒙边境贸易纠纷现行商事调解机制存在以下问题：

1. 缺乏专门的商事调解立法

我国关于商事调解的规定散见于各类法律规定中，没有专门规定商事调解的规范。并且我国法律未界定何为"商事调解"，对商事调解的受用范围与商事调解机构未作明确规定，对商事调解与行政调解、民间调解未做明确的区分。

2. 商事调解协议不具有强制执行力

商事调解与其他调解相比，在中蒙边境贸易纠纷商事调解机构的设置、商事调解人员业务素质等方面具有极强的专业性，虽然在实际纠纷解决过程中商事调解的结果能够表现出与法院诉讼判决和仲裁机构裁决相同的水平，但是商事调解机构做出的调解协议仍然只具有民事合同的性质，不具有强制执行力。

商事调解协议只能通过公正或司法确认后才具有强制力。一方面，因为商事调解协议也只有合同效力，与民间调解协议等同，这就忽视了商事调解的专业水平与调解结果的公正性等优势。另一方面，商事调解的结果只能通过诉讼寻求进一步的救济，否则就会面临一方当事人不履行的风险。

在中蒙边境贸易纠纷商事调解案件中，尤其是经济技术合作贸易的纠纷标的额往往较大。如果此类边境贸易纠纷的商事调解缺乏高效率与高质量的解决方式，会使当事人失去投资机会，甚至造成更大的经济损失。总之，中蒙边境贸易纠纷商事调解协议明显不同于其他调解协议，而现在将商事调解协议与其他调解协议效力等同，中蒙边境贸易纠纷商事调解机制的高效率、高质量和低成本的优势将无法充分发挥。

3.中蒙两国文化差异及法制观念的不同对商事调解造成一定的影响

中蒙两国文化及法律制度多有不同之处，两国当事人的法律文化观念存在差异，在涉及蒙古国具体的边境贸易纠纷商事调解中，当事人对纠纷解决的态度、对调解模式与调解员的选择及调解的价值追求有所不同，加上蒙古国当事人对我国法制的不信任心态，可能导致中蒙边境贸易纠纷商事调解机制难以达到预期效果。

4.中蒙两国联合调解未能发挥作用

中国国际商会已同美国、意大利、英国及德国等国家的调解组织联合成立了调解机构，调解发生在双方国家的当事人之间的商事纠纷，取得了良好的效果。2016年6月16日中蒙联合调解机制对接会在内蒙古自治区二连浩特市举行。2016年8月4日为促进和发展我国和蒙古国工商界开展贸易、投资及其他形式的经济交流，基于双方对调解服务的认同与共识，以及确信双方共同致力于推动以调解的方式解决两国商业活动中出现的商事纠纷，将有利于维护和发展两国当事人之间的和睦商业关系，中国国际贸易促进委员会国际商会调解中心与蒙古国国家工商会调解中心共同组建调解中心，在中俄蒙工商论坛上正式签署了《中蒙商事调解中心合作协议》。据笔者在中蒙边境口岸的调研，到目前还没有一件边境贸易纠纷通过中蒙联合调解中心解决的，要及时宣传和积极发挥中蒙两国联合调解机制的作用，才能保证双边贸易更健康稳定、持续地发展。

三、仲裁解决机制存在的问题

中蒙两国都是1958年签订的《承认及执行外国仲裁裁决公约》（简称《纽约公约》）的成员国。按照《纽约公约》的规定，中蒙两国在双边承认和执行生效的仲裁裁决上不存在法律上的障碍。但从中蒙边境贸易仲裁解决机制的实际运行来看，也存在诸多问题：

（一）仲裁解决机制利用率不高

从中蒙边境贸易实践来看，边民互市贸易纠纷大多属边境小额贸易，不具备仲裁的受理条件。随着近几年经济贸易的快速发展，中蒙边境货物贸易和经济技术合作贸易纠纷标的额也不断提高，但是因为两国仲裁法的相关法律规定的差异和国际商事仲裁中财产保全和证据保全较难，并且如果仲裁裁决书上的义务人是蒙古国的，主张权利的一方当事人只能持仲裁裁决书，向有管辖权的蒙古国法院申请承认和执行。这导致中蒙边境贸易纠纷通过仲裁裁决胜诉后，也存在执行成本高、程序长等困难。因此，在实际解决中蒙边境贸易纠纷中，利用商事仲裁机构解决中蒙边境贸易纠纷，最终能够成功执行仲裁裁决的案件数量较少。

笔者在中蒙边境地区调研的调查问卷中，为了解中蒙边境贸易经营者对仲裁解决机制的利用率，设置了"您或周围从事边境贸易的人有没有去仲裁机构解决过边境贸易纠纷？"的问卷，选项有：A.有，B.没有，C.不清楚。具体情况如表6-1所示。

表6-1　仲裁解决机制的利用率

选项＼类型	中国	蒙古国
有	28	14
没有	99	70
不清楚	2	16

从问卷数据看，中蒙两国边境地区从事边境贸易的当事人（被调查中国129人，蒙古国100人），发生边境贸易纠纷以后选择仲裁机构解决纠纷的比例占极少数，在中方从事边境贸易的当事人中选择仲裁机构解决纠纷的被调查对象只占总人数的22%，没有选择过仲裁机构解决纠纷或不清楚仲裁解决机制的当事人占被调查对象的78%。可见在中国从事边境贸易的当事人发

生边境贸易纠纷后，对仲裁解决机制的利用率不高，只有极少数的当事人选择仲裁解决机制来解决边境贸易纠纷。在蒙古国从事边境贸易的当事人中选择仲裁机构解决纠纷的被调查对象只占总人数的14%，没有选择过仲裁机构解决纠纷或不清楚仲裁解决机制的当事人占被调查对象的76%。同样在蒙古国从事边境贸易的当事人发生边境贸易纠纷后选择仲裁解决机制的比例也不大。这种数据结构体现了中蒙边境贸易纠纷解决机制当中仲裁解决机制的利用率不高，也许与它自身制度的不健全有关系。

（二）具体仲裁制度不健全

虽然《中华人民共和国仲裁法》从1995年9月1日开始实施，在国内仲裁领域取得了一定的成果。但是，在中蒙边境贸易纠纷的仲裁解决实践中也不可避免地面临着需要解决的现实问题。

1.仲裁员边境贸易相关专业知识欠缺

我国仲裁委员会的仲裁员来自不同行业，多为兼职，平时都有自己的本职工作，甚至有的不是学习法律专业出身，学习法律专业的也因为平时大部分时间忙于其本职工作，没有充足的时间和精力对日新月异的边境贸易相关政策法律法规进行系统学习和研究。仲裁员一般情况下从事的则是非仲裁工作，只有在接受边境贸易纠纷当事人指定后才参与某一边境贸易案件的仲裁。因为中蒙边境贸易仲裁涉及中蒙两国仲裁制度的差异性与国际贸易仲裁的特殊性，需要仲裁员对边境贸易法律法规和国际法相关专业知识的储备。目前我国的商事仲裁，只要是商事合同案件，无论什么案由，当事人选择仲裁，仲裁委员会都可以受理。而各类边境贸易合同纠纷繁杂多样，仲裁员内部又无专业性之分，严重影响中蒙边境贸易纠纷仲裁裁决结果的质量。

2.边境贸易纠纷仲裁监管机制不健全

在中蒙边境贸易纠纷的仲裁实践中，仲裁委员会只是负责案件的立案、排庭、打印、送达等工作，裁决结果完全由仲裁庭决定，只要是仲裁庭决定的结果，即为最终结果，仲裁委员会无权干涉。而仲裁委员会对仲裁员缺少科学合理的考核、选任、聘任、解聘机制，加上监管机制的不健全，恰恰为边境贸易纠纷仲裁案件的质量埋下了隐患，严重降低了中蒙边境贸易纠纷商事仲裁的权威性和生命力。

3.《仲裁法》中关于证据制度的规定缺失

我国《仲裁法》第43、44、45和46条，分别规定了举证、鉴定、质证和证据保全问题，另外第68条对涉外证据保全进一步作出了规定。但是我国仲裁立法对证据事项规定得非常简单，缺乏体系性和系统性，更多时候是我国中蒙边境贸易纠纷的仲裁制度的证据事项完全依赖于民事诉讼证据制度相关法律规定。由于我国仲裁法相关证据制度缺乏独立性，在中蒙边境贸易纠纷的仲裁解决过程中相关证据规定可操作性不强，给跨界边境贸易纠纷的有效仲裁裁决带来了阻碍。

（1）关于证据收集的立法缺失

根据我国《仲裁法》的规定，当事人应当对自己的主张提供相关证据，当事人无法自己收集的证据，如果仲裁庭认为有必要收集的证据，仲裁庭可以自行收集。在中蒙边境贸易纠纷仲裁解决过程中纠纷当事人不能自行收集的证据主要是《仲裁法》规定的不能自行收集的证据，如边境贸易纠纷当事人涉及不同国家的纠纷当事人时，无法掌握在国外当事人手中的证据，很难收集到仲裁案件涉及的国外自然人、其他组织手中边境贸易纠纷相关的证据。

根据我国现行民事诉讼法与仲裁法的规定，法院为中蒙边境贸易纠纷当事人收集证据所提供的支持只限于证据保全，并且为跨界边境贸易纠纷当事人收集证据提供证据保全的支持，还需要根据双边民事司法协助的规定。因此边境贸易纠纷仲裁的当事人收集上述两类证据非常困难。在中蒙边境贸易纠纷仲裁解决实践中，仲裁庭"自行收集"证据也困难重重，同样需要双边司法协助的支持，这就体现出我国《仲裁法》关于边境贸易当事人证据收集和仲裁庭自行收集证据方面的立法缺陷。

（2）关于证据的质证主体缺失

根据我国《仲裁法》的规定，中蒙边境贸易纠纷案件当事人的证据应当在仲裁庭开庭时出示，边境贸易纠纷双方当事人可以相互质证[①]。对仲裁证据质证的规定非常简单，操作性不强。在我国民事诉讼证据规则当中证据必

---

① 《中华人民共和国仲裁法》第45条："证据应当在开庭时出示，当事人可以质证。"

须经过中蒙边境贸易纠纷案件双方当事人当庭举证、质证，才能作为认定中蒙边境贸易纠纷案件事实的根据。在中蒙边境贸易纠纷仲裁案件时，按照我国《仲裁法》的规定质证的主体只能是纠纷双方当事人，而不包括仲裁庭。这种规定显然难以满足仲裁解决机制程序和方式灵活性的要求。在中蒙边境贸易纠纷仲裁解决实践中，仲裁庭在开庭时就相关证据组织中蒙边境贸易纠纷双方当事人进行质证，从而导致仲裁庭认定案件事实时有错误的情形发生。

（3）关于证据的认证规则不确定

仲裁证据的认证是仲裁员按照其自身的经验和专业知识的判断，对双方当事人向仲裁庭提交的各种证据进行审查、判断，不受民事诉讼中严格的证据规则的约束，确认双方当事人提交的各类证据的证据能力和证明力的活动。因为在我国《仲裁法》中没有关于证据推定的明确规定，在中蒙边境贸易纠纷的仲裁解决过程中仲裁庭对边境贸易纠纷当事人提交证据的证据资格和证明力有决定权，仲裁庭在认证时拥有的自由裁量权大，从而仲裁员内心确信的形成自然离不开参与中蒙边境贸易纠纷案件仲裁的仲裁员本身的边境贸易纠纷相关专业知识和经验法则的运用。因此在中蒙边境贸易纠纷的仲裁解决过程中不可避免地运用到一般贸易纠纷的经验法则，使得边境贸易纠纷仲裁得不到广泛运用。

4.《仲裁法》对文件送达方式的规定缺位

送达是仲裁机构和法院在审理案件中下一步程序能否顺利进行、裁决能否生效的关键环节。因为我国《仲裁法》中，没有关于仲裁文件送达的相关规定，如果中蒙边境贸易纠纷双方当事人选择我国《仲裁法》来解决边境贸易纠纷，就会产生文件送达的问题。这不利于中蒙边境贸易纠纷双方当事人纠纷的仲裁解决，更不利于提高我国仲裁裁决的效力。

实践中，仲裁文件的送达参照《民事诉讼法》中关于送达的规定，包括以下几种形式：

（1）邮寄送达。邮寄送达是在直接送达有困难时，将法律文书及送达回证以邮寄的形式给受送达人的送达方式。这就可能因为受送达人提供的地址错误导致邮件被退回，出现法律文书未实际送达的后果。也可能当事人为了逃避法律责任,边境贸易纠纷当事人本人拒绝签收或者其指定的代收人拒绝签收。有的受送达人为了拖延办案时间,逃避法律后果,在接收邮件时模糊签名,甚至故意签署受送达的单位中根本不存在的人名,致使送达程序和法律文书的效力出现瑕疵。

(2)委托送达。在中蒙边境贸易纠纷案件诉讼解决过程中法院将诉讼文书或法律文书送达给当事人时,受理边境贸易纠纷案件的法院送达困难时,一般会委托对方所属国家法院的相互配合协助送达。但在中蒙边境贸易纠纷案件的诉讼文书委托送达的前提是中蒙两国法院之间存在司法协助关系。中蒙边境贸易纠纷仲裁解决的实践中,中蒙两国各个仲裁委员会之间不存在相互配合协助的关系,蒙古国仲裁机构没有义务去接受委托并代为送达仲裁文书。

(3)证明送达和留置送达。中蒙边境贸易纠纷的仲裁,有时候会涉及纠纷当事人的商业秘密与商业信息,而仲裁本身具有对仲裁内容的保密义务。一方面,中蒙边境贸易纠纷的仲裁机构没有邀请相关人员签字作证的强制权力,所以想让相关人员签字作证,证明送达缺乏强制力的支撑。另一方面,即使是寻找证人签字也需要其身份的确定,保证仲裁内容的保密等程序的复杂性,可操作性不强。

(4)公告送达。我国《民事诉讼法》第267条规定了诉讼文书送达方式,其中第8款规定,采用外交送达、委托送达、邮寄送达等上述送达方式无法送达的情况下,采用公告送达,自公告之日起,经过60日,即视为送达。一方面公告送达与仲裁效益和当事人保密性的要求相矛盾,另一方面受送达人下落不明,通过公告收到仲裁文书的概率微乎其微。在中蒙边境贸易纠纷的仲裁过程中,通过公告送达后,受送达人能够及时到庭的极少,送达文件的初衷并不能实现。并且公告送达仲裁文书会造成中蒙边境贸易纠纷当事人涉案情况的曝光,与我国仲裁机制维护中蒙边境贸易纠纷双方当事人商业秘密的初衷背道而驰。

(三)临时仲裁机构缺失

与机构仲裁相比,临时仲裁有自己的优点。从程序上来看,在临时仲裁中只要当事人愿意,仲裁可以在任何时间、地点开始;从效率来看,临时仲裁可能当天任命仲裁员，当天或第二天就已有裁决书；从经济性来看，临时仲裁没有固定办公场所和固定管理人员，并且当事人不必预付仲裁费，可减少当事人的经济成本，适合于中蒙边境贸易纠纷"短、平、快"的特点。目前大多数国家的仲裁制度和《关于承认和执行外国仲裁机关裁决》（纽约公约）等相关国际立法都承认临时仲裁制度，蒙古国《仲裁法》也规定了临时仲裁制度。因为，我国《仲裁法》没有规定临时仲裁制度，使临时仲裁的优势无法在中蒙边境贸易纠纷的解决领域中得以发挥，不仅制约了我国仲裁制度适应"一带一路"建设的发展，也不利于中蒙边境贸易纠纷的解决。

第二节 中蒙边境贸易纠纷诉讼解决机制存在的问题

随着中蒙边境贸易纠纷案件的逐年增多，2011年3月20日，内蒙古自治区高级人民法院为贯彻执行最高人民法院《关于进一步做好边境地区涉外民商事案件审判工作的指导意见》，下发了《关于指定我区边境地区基层人民法院第一审涉外民商事案件管辖的意见》，指定内蒙古自治区14个边境地区的基层人民法院管辖其辖区内发生的边境地区的第一审涉外民商事案件。具体内容如下：

最高人民法院对《内蒙古自治区高级人民法院关于指定我区边境地区基层人民法院一审涉外民商事案件管辖权的请示》的批复
（2011）民四他字第7号

内蒙古自治区高级人民法院：

你院内高法〔2011〕22号《内蒙古自治区高级人民法院关于指定我

区边境地区基层人民法院一审涉外民商事案件管辖权的请示》收悉。根据《最高人民法院关于进一步做好边境地区涉外民商事审判工作的指导意见》第一条的规定，经研究，批复如下：

同意你院指定呼和浩特市赛罕区人民法院、呼伦贝尔市海拉尔区人民法院、满洲里市人民法院、新巴尔虎右旗人民法院、新巴尔虎左旗人民法院、陈巴尔虎旗人民法院、额尔古纳市人民法院、兴安盟阿尔山市人民法院、锡林郭勒盟二连浩特市人民法院、东乌珠穆沁旗人民法院、包头市达尔罕茂明安联合旗人民法院、巴彦淖尔市乌拉特中旗人民法院、乌拉特后旗人民法院、阿拉善盟额济纳旗人民法院管辖发生在边境地区、争议标的额较小、事实清楚、权利义务关系明确的一审涉外民商事案件。

此复

二〇一一年二月二十八日

随后中蒙边境口岸城市陆续设立了涉外案件审判庭机构，但在具体审理中蒙边境贸易纠纷案件过程中，仍会涉及选择法律的方式、外国法的查明、证据的认定、域外送达、诉讼文书翻译等诸多问题。这些问题必然会影响到法院对边境贸易纠纷案件审判职能的发挥，从而限制中蒙边境地区法院通过诉讼解决中蒙边境贸易纠纷应有的作用。

一、案件性质的认定难

在中蒙边境口岸法院受理的边境贸易纠纷案件中各种合同纠纷较多，并且中蒙边境各个口岸的定位不同，从事的边境贸易类型也不尽相同，所以各种边境贸易合同纠纷的内容也不一样。对边境贸易合同进行定性与识别是指依据一定的边境贸易相关的法律法规的规定或《合同法》的规定，对边境贸易合同事实构成的性质做出定性或分类，从而中蒙边境贸易合同纠纷案件确定应该援引哪一个冲突规范的法律认识过程。

从国际私法的规定来看，法院受理的边境贸易纠纷案件属于何种法律关系的问题。识别既判断边境贸易纠纷案件的事实应属于何种法律范围，也是解释边境贸易纠纷案件法律概念的过程。法院受理的边境贸易纠纷案件的法律关系是属于合同法律关系还是委托法律关系，是货物贸易法律关系还是服务贸易法律关系的确定，是法院适用冲突规范前必须解决的问题[①]。

有些口岸边境贸易经营者签订的合同不规范，法院受理此类边境贸易合同案件后对合同的识别定性难。如甘其毛道口岸是2007年9月12日被国务院批准为双边常年开放的边境公路口岸。为了发展口岸边境贸易，按照内蒙古自治区"十一五"规划，随着口岸基础设施的完善，口岸功能日益提升，过货量不断增多，2013年过煤40多万吨，已成为全区乃至全国重要的向北开放阵地和能源通道。但是甘其毛都口岸多数煤炭贸易企业签订的边境贸易合同极不规范，法院在受理边境贸易合同纠纷案件时，对边境贸易合同性质的认定提出了难题。

案例6-2 2013年底内蒙古伊东煤炭运输有限公司起诉了包某，要求解除原被告签订的《运输合同》返还10辆租赁车辆。在合同中内蒙古伊东煤炭运输有限公司为甲方，包某为乙方。法院在审理中发现，双方签订的合同名为《运输合同》，但在合同条款中有诸多与运输合同极不相符的内容。譬如合同中规定：车价为52.5万元，车辆由甲方以自身法人的名称落籍，具有法定所有权，乙方租赁车辆首付定金8万元，剩余44.5万元从车主（包某）运费中扣除，从乙方交付定金之日起至还清全部款项止，车辆产权无条件转移给乙方，乙方必须在甲方继续工作两年；在乙方租赁期间，甲方负责办理蒙古国车牌照、驾驶员在蒙古国的签证、蒙古国驾驶证、保险等所有蒙方手续，甲方必须保证乙方运输货源，乙方保证所租赁的10辆车在甲方保证货源的前提下全年调入蒙古国煤炭不少于6万吨，车辆调度服从公司统一安排；运输期限从2010年11月30日起至2014年11月30日止共四年，运费结算长运230公里每吨115元，短运36公里每吨35元；运输过程中，乙方发现驾驶员的车辆有

---

① 李旺：《国际私法》，北京：法律出版社，2003年版，第70页。

出车能力而无故不出车达五天的，非经公司（甲方）同意给外公司运输煤炭的，应及时报告甲方，并采取制止措施，否则甲方有权终止租赁和运输合同收回车辆；在合同履行过程中，乙方以每台车11万元的价格转租给了蒙古国人。①

由于该合同中存在多种合同要素，甘其毛都口岸法庭在审理过程中对合同的定性产生了分歧，出现了三种不同的观点。

第一种观点认为该合同应该被定性为运输合同，理由是合同名称为运输合同，而且合同中对运费标准、运费的结算方式、运输期限、双方的权利义务、违约责任等均作了明确约定。

第二种观点认为将该合同定性为运输合同不准确，应当定性为融资租赁合同。理由之一，该合同与运输合同的定义、法律特征均不相符。根据我国《合同法》第288条、第289条②规定，该合同中甲方不仅不直接支付乙方运费，乙方还须提前交付甲方8万元的定金，从乙方交付定金之日起至还清全部款项止，车辆产权无条件转移给乙方，乙方必须在为甲方继续工作两年。在运输合同中不存在运输车辆产权转移的问题。理由之二，该合同接近于融资租赁合同的概念与法律特征。依据是我国《合同法》第237条、第243条③规定。本案中甲方虽然不是专业从事融资租赁业务的租赁公司，但甲方通过变相融资的方式收取乙方的8万元定金和运费，以达到其煤炭销售利润之目的，乙方则通过支付少量定金和分期支付劳务费的方式达到取得运输车辆之目的。因此该合同虽然名称叫《运输合同》，但内容更接近于融资租赁合同的法律特征。

---

① 案例6-2由内蒙古自治区甘其毛都口岸法庭提供。

② 《中华人民共和国合同法》第288条规定："运输合同是承运人将旅客或者货物从起运地点运输到约定地点，旅客、托运人或者收货人支付票款或者运输费用的合同。" 第289条规定："从事公共运输的承运人不得拒绝旅客、托运人通常、合理的运输要求。"

③ 《中华人民共和国合同法》第237条规定："融资租赁合同的内容包括租赁物名称、数量、规格、技术性能、检验方法、租赁期限、租金构成及其支付期限和方式、币种、租赁期间届满租赁物的归属等条款。"第243条规定："融资租赁合同的租金，除当事人另有约定的以外，应当根据购买租赁物的大部分或者全部成本以及出租人的合理利润确定。"

第三种观点则认为，该合同与运输合同、融资租赁合同的法律特征均不相符，应当属于附条件的分期付款买卖合同。其理由是分期付款买卖合同是指当事人双方约定出卖人先行移转标的物的占有于买受人，买受人在一定期限内分期支付价款给出卖人的买卖合同。《中华人民共和国合同法》第133条、第134条[①]对此作了进一步的规定，当然，合同法第134条的规定为指导性条款，而非强制性条款。因此，当事人可以自由选择适用该条款，约定标的物所有权转移的条件。本案中甲乙双方签订的合同与分期付款买卖合同的法律特征基本相同，所不同的是乙方作为分期付款的购买人必须服从甲方对车辆的管理，只能为甲方运输煤炭且甲方为乙方保证运输货源，这似乎可以理解为是对分期付款买卖合同所附的条件。

此类中蒙边境贸易合同纠纷案件涉案因素复杂，法律关系构成要素不确定，导致很多中蒙边境贸易合同纠纷案件性质的认定问题成为中蒙边境地区口岸法院诉讼解决中蒙边境贸易纠纷案件中存在的另一个难题。

对于案例6-2，甘其毛都口岸法庭与乌拉特中旗人民法院对上述各持己见的观点经过多次集体商讨，采取了第三种观点，作为分期付款合同纠纷做出了判决，判决已生效。

二、法律适用复杂

我国《涉外民事关系法律适用法》第3条、第4条[②]之规定，上述两条涉外法律适用的原则正是基于意思自治原则在民商事领域具有核心价值和我国作为成文法国家强调法律适用规则的强制性规定而制定的。在中蒙边境贸易纠纷案件的诉讼中，法官既要考虑当事人的选择，也要在依法强制性的适用法律的同时发挥法官的释明权。在司法实践中，绝大多数中蒙边境贸易纠

[①] 《中华人民共和国合同法》第133条规定："标的物的所有权自标的物交付时起转移，但法律另有规定或者当事人另有约定的除外。"第134条规定："当事人可以在买卖合同中约定买受人未履行支付价款或者其他义务的，标的物的所有权属于出卖人。"

[②] 《中华人民共和国涉外民事关系法律适用法》第3条规定："当事人依照法律规定可以明示选择涉外民事关系适用的法律。"第4条规定："中华人民共和国法律对涉外民事关系有强制性规定的，直接适用该强制性规定。"

纷案件的审理适用中国法，这给"一带一路"倡议的实施、中蒙两国边境贸易的发展以及内蒙古边境地区司法保障机制的建设造成制约因素。

由于中蒙边境各个口岸的功能定位不同，所产生的边境贸易类型也不尽相同。但是，大体上可以区分为边民互市贸易，边境小额贸易，边境经济技术合作贸易和边境旅游、餐饮、生活为一体的服务贸易等。这类案件的审判主要以我国2010年10月颁布的《中华人民共和国涉外民事关系法律适用法》为依据，该法对我国法院审理中蒙边境贸易纠纷案件的法律适用的一般原则做出了明确的规定。它既是规范涉外财产关系和人身关系的基本法律，也调整我国在国际民事交往中产生的各类涉外民事关系的法律适用问题[1]，自然也调整中蒙边境贸易活动中产生的各类边境贸易纠纷案件的法律适用问题，是我国国际私法的重要组成部分。但是，随着该法的实施，我国边境地区的口岸法院还会面临如下一些问题：

（一）该法目前还不是一部完整的涉外民商事法律关系的法律适用法。因为它缺乏票据法、海商法、民用航空法等商事法律关系的规定。也就是说它目前还不是一部完善的有关边境贸易法律关系的法律适用法。正因如此，我国口岸法院在中蒙边境贸易纠纷案件的审判实践中，除应熟知该法的精神和原则外，随着我国航空口岸（中蒙航空口岸有3个）的不断扩大以及对外贸易中金融信汇业务的发展，还应熟知我国边境贸易相关的商事法律，以维护各方当事人的合法权益。

（二）因为我国目前还没有一部完整的《国际民商事法典》，有关中蒙边境贸易纠纷案件法律关系的调整多散见于诸法之中，故在适用我国《涉外民事关系法律适用法》的过程中，还存在一个辨析和区分不同法律关系以及厘清新法与固有法的关系、上位法与下位法的关系等的问题，这将会给边境地区法院的审判实践带来一些困惑与挑战[2]。

---

[1] 黄进：《中国涉外民事关系法律适用法的制定与完善》，《政法论坛》2011年第3期，第4页。
[2] 通木尔、包桂荣：《论我区口岸建设的立法完善及司法应对》，内蒙古自治区高级人民法院网，首页"法学实务"调研成果，发布时间：2015年7月13日。

三、外国法的查明难度大

目前，我国边境地区的法院在审理中蒙边境贸易纠纷案件中遇到的最棘手的问题就是对蒙古国法的查明，根据最高人民法院司法解释规定①，我国边境地区法院在审理中蒙边境贸易纠纷案件过程中遇到需要蒙古国边境贸易相关法律法规时，查明蒙古国法的途径有：

（一）中蒙边境贸易纠纷案件的当事人提供

如果起诉到我国边境地区法院解决中蒙边境贸易纠纷的一方当事人属于我国，对方当事人属于蒙古国国籍的。我国当事人本身不熟悉蒙古国法律，对方当事人会以此作为借口拖延诉讼的可能性，不会及时提供蒙古国边境贸易相关的法律内容。

（二）由与我国订立司法协助协定的蒙古国中央机关提供

大多数中蒙边境贸易纠纷案件的司法审判权属于边境口岸地区的基层法院，以中蒙边境口岸密集的内蒙古自治区为例，对中蒙边境贸易纠纷案件进行审理的法院需要蒙古国法律时，根据中蒙两国民事司法协助协定让蒙古国中央机关提供的程序复杂，逐级审批和授权，无法及时取得相关蒙古国法律法规内容。

（三）由我国驻蒙古国使领馆提供

目前，在审理中蒙边境贸易纠纷案件遇到蒙古国法的查明问题时，最有效的办法就是通过我国驻蒙古国使领馆查明提供。

（四）由研究中蒙两国法律制度的法学专家提供

根据最高法院民四庭《解答》，查明蒙古国法律时，通过中蒙两国法律专家来提供蒙古国边境贸易纠纷相关法律是一种途径，但是由该中蒙法律专家提供的蒙古国法律是否准确，边境地区人民法院在审理有关中蒙边境贸易纠纷案件中仍需要进行质证。但是，涉及蒙古国法律的边境贸易纠纷案件一

---

① 根据最高人民法院《关于贯彻执行〈中华人民共和国民法通则〉若干问题的意见（试行）》第193条："对于应当适用的外国法律，可通过下列途径查明：（1）由当事人提供；（2）由与我国订立司法协助协定的缔约对方的中央机关提供；（3）由我国驻该国使领馆提供；（4）由该国驻我国使馆提供；（5）由中外法律专家提供。通过以上途径仍不能查明的，适用中华人民共和国法律。"

般较为复杂，在审理边境贸易纠纷案件过程中，除了要遵照普通民事案件的审理程序外，依法还要履行相关的通知通报程序。审理边境贸易纠纷案件的法官在当事人、涉案外籍被告人、家属以及有关国家大使馆人员面前所展现的业务水平、专业素质，不仅关系到法官个人的形象，而且关系到法院的形象，更关系到我们国家的形象。因此，边境贸易纠纷案件的承办法官只有一般案件的审判能力是不够的，还要具有相当丰富、全面的涉外法律知识，精通边境贸易纠纷案件的审判程序，通晓国际法和国际惯例，尤其是我国与其他国家签订的双边和多边条约，才能在充分保护当事人、涉案外籍当事人诉讼权利的同时，维护国家法律权威及法治形象。

由于中蒙边境地区各个口岸所在地法院审理涉外诉讼案件的时间较短，内高法〔2011〕22号《内蒙古自治区高级人民法院关于指定我区边境地区基层人民法院一审涉外民商事案件管辖权的通知》下发后内蒙古边境口岸所在地法院才获得了审理涉外案件的管辖权，因人员、资料、审理经验等方面均很欠缺，在边境贸易纠纷案件的实际操作中困难很多，且现有的民事审判人员缺乏系统的边境贸易纠纷案件和蒙古国法律知识的培训，其业务知识和能力均有待进一步提高。

四、中蒙民商事司法协助机制不健全

在经济全球化的背景和"一带一路"倡议合作下，随着中蒙两国边境贸易领域的合作与交往、中蒙边境贸易纠纷日益增多，牵涉到不同国籍的人、国际资本、国际商品及国际贸易活动等元素在内的中蒙边境贸易纠纷，在人们当下日常生活中出现的比例越来越高，中蒙民商事司法协助机制在中蒙边境贸易纠纷诉讼解决机制中占据非常重要的地位。它对于法院及时解决边境贸易纠纷，提高中蒙边境贸易纠纷诉讼解决的效率，保护中蒙边境贸易纠纷双方当事人的合法利益和节约诉讼成本都起着至关重要的作用。

笔者在二连浩特口岸、甘其毛都口岸和珠恩嘎达布其口岸调研中，发现从宏观层面上反映较为强烈的另一个问题就是中蒙之间的司法协助问题。目前涉及我区口岸的国际协定共有两部，即《中华人民共和国政府和蒙古国政

府关于中蒙边境口岸及其管理制度的协定》(以下简称《中蒙边境协定》),这个协定属于两国边境管理的国际条约。中蒙之间关于民事司法协助的立法规制,仅仅停留在1990年双方建立的《中华人民共和国和蒙古人民共和国关于民事和刑事司法协助的条约》。随着中蒙两国经济贸易的快速发展和涉及两国民商事案件的数量逐年增多,原双边民商事司法协助条约的内容,已无法满足中蒙边境贸易纠纷案件司法解决的现实需求。并且到目前为止我国还没有涉及中蒙两国司法协助的相关国内立法,所以在中蒙边境贸易纠纷案件的诉讼解决实践中涉及司法协助仍然没有任何法律依据。立法的缺失直接导致了中蒙边境贸易纠纷案件在司法实践操作中会出现很多难题。

大多数边境贸易纠纷案件由于调查取证或者送达问题而无法结案,使内蒙古地区口岸法院在(涉外)边境贸易纠纷案件的审判执行当中显得很被动,进而使得法院在促进对外开放、维护各方合法权益方面显得力不从心。虽然我国已参与《海牙送达公约》和《海牙取证公约》[①],但是通过笔者对二连浩特市、乌拉特中旗的涉外部门和组织的走访、访谈以及从二连浩特市人民法院的司法实践来看,这样的国际司法协助模式不仅操作起来程序烦琐,效率低下,而且很难解决实际问题,造成了很多边境贸易纠纷案件难以进入司法协助程序或者造成司法资源的浪费。

(一)司法文书送达难

由于我国已经批准加入《海牙送达公约》,而且又制定了具体的实施细则,所以我国各级法院只需按照具体规定便可以实现国家间的司法文书的送达。按照最高人民法院的要求,我国国际司法协助工作实行归口管理和专办员制度。但通过具体规定,结合中蒙边境贸易纠纷案件司法实践中暴露出来的问题,我们可以看出:一项中蒙边境贸易纠纷案件的司法文书的送达,需要事先准备好相关司法文书、案情简介、托请转递委托书、请求书等材料,然后将这些司法文书译成蒙古文(外文),再将上述准备好的司法文书逐级送到最高人民法院、司法部或外交部、蒙古国中央机关或者我国驻蒙古国使领馆,蒙古国中央机关接受文书后,再按照蒙古国的国内法律规定将上述司

---

① 曾朝晖:《〈关于依据国际公约和双边司法协助条约办理民商事案件司法文书送达和调查取证司法协助请求的规定〉的理解与适用》,《人民司法(应用)》2013年第13期,第28页。

法文书转递给执行送达的法院，这样司法文书送达后，送达证明再按照同样的路径送回到审理此中蒙边境贸易纠纷案件的法院手中，程序之复杂，司法效率可谓相当的低。

按照国际司法协助司法文书送达的程序，我们可以用以下简单图示来分析一下一项司法文书送达在我国的实施途径。我国接受司法文书送达的路径为：外国中央机关→司法部→最高法院→各级法院→当事人；送达回证的路径为：当事人→各级法院→最高法院→司法部→外国中央机关。也就是说，司法文书从请求国发出，到接受国当事人的手中，送达回证再回到请求国手中，恰好走过了一个梯形。笔者在我国边境地口岸法院调研中发现，中蒙边境贸易纠纷案件的司法文书送达成功率不到40%，60%多的中蒙边境贸易纠纷案件因送达不成功而无法启动诉讼程序[①]。主要原因是送达的程序复杂，延长诉讼时间和诉讼成本。若是中蒙边境地区发生的边境贸易纠纷案件，其司法文书也照此方式送达，未免就有"舍近求远"之嫌。

（二）调查取证难

不同于国内法中的调查取证，司法协助中的调查取证要涉及不同的国家，也就是我们常说的涉外证据的调查取证。涉外证据的主要特点是案件的证据存在于中华人民共和国领域之外，相关证据涉及的法律关系主体往往是域外公民或组织。

案例6-3　2013年9月1日原告代某（河北省人，现住二连浩特市）和被告贾某（内蒙古人，现住二连浩特市）签订了《合作协议》重新启动蒙古国乌兰巴托钢球生产，注册新公司为"A钢球责任公司"，新公司法人代表贾某承诺注入资金20万元；双方认可原告（B公司业主）资产设备22万元；合作按风险共担，利润各按50%的比例分成；合作期限未定。2014年因双方合作不愉快，一直到2015年贾某不公开其投资及生产经营项目。为了维持生产经营原告先后投入17.4517万元。2016年5月17日，贾某单方擅自将2015年生产库存的钢球计260吨私自处

[①] 在二连浩特市法院对一名常年从事中蒙边境贸易纠纷案件审判法官的访谈资料的整理获得。

理,至今既不公开账目不给付原告应得分成45.5万元。同时趁原告不在蒙古国之际,将原告企业资产设备让与蒙古国场地业主,致使原告已无权收取原资产设备,造成22万资产的流失,故请求一并赔偿11万元。综上请求:1.解除合作协议;2.由被告给付260吨钢球的一半及130吨钢球价款;3.赔偿原告公司原有资产11万元。

  被告辩称:1.对于原告请求的判令解除合作协议,2015年9月28日已经达成一致意见已经解除合伙;2.对于原告起诉的260吨钢球的一半及130吨钢球价款,被告并没有处理原告的钢球,只是处理了属于自己的部分;3.被告并没有处置原告的厂房及设备。综上,对于原告的诉讼请求应当提供合理、合法的证据,没有证据应当依法驳回原告的诉讼请求。

  本案在二连浩特法院审理过程中原、被告双方都向法庭提交了5份相关证据,但是除了2013年9月1日签订的双方合作协议和被告提供的2015年9月28日签订的解除合作协议外其他诉讼主张的证据双方互相都不予认可,这对本案的审理带来了阻碍。

在这种情况下,案例6-3的诉讼标的物和相关第三人(蒙古国场地业主)均在蒙古国乌兰巴托市,具有调查取证权的国家机关要想进行跨国调查取证,按照《海牙取证公约》或者双边司法协助条约则必须经由司法协助的路径来实施相关活动。以我国法院委托外国法院协助进行民商事案件调查取证为例,对照实施细则,我们可以用如下简单图示来说明调查取证的烦琐程序:法院制作调查取证请求书和转递函→各级法院→最高法院→司法部→被请求国中央机关;调查取证结果再按照原来的路径返回,即被请求国中央机关→司法部→最高法院→各级法院→提出调查取证请求的法院。这样烦琐的调查取证规定,对本已工作量很大的基层法院来说无疑是"雪上加霜"。在此基础上,有些案件虽然需要进行司法协助上的调查取证,但由于耗时费力,效率太低,也就造成了很多案件的积压。此外,对于一些争议标的物在蒙古国的边境贸易纠纷案件,涉及的司法鉴定问题也是很难进行的。如此调查取证,对于一些标的额不大的涉外边境贸易案件,也只能使之"望而却步"，纠纷当事人的合法权益无法得到及时保护，甚至有时只有自己独自承担损失。

（三）跨国举证难

举证是当事人对自己的主张进行收集或提供证据，并运用提出的证据证明案件事实成立或证明有利于自己的主张，否则其主张便不能成立。由此可见，举证是诉讼活动中的重要环节，甚至决定着诉讼的结果。应当说，举证在国内很好进行，因为无论是收集证据，还是实施举证，都可以很方便地进行。但在涉外案件中，实施跨国举证就有很高的难度了。一方面，在国际公约的司法协助当中，只有送达和调查取证方面的约定，而无跨国举证的相关规定；另一方面，针对一些涉外案件标的物在国外，而在国内进行的涉外案件的审判而言，实施跨国举证更是难上加难，既有空间上实施的难度，也有时间上的拖延问题，从而造成很多边境贸易纠纷案件的积压。

　　案例6-4　2008年，原告（哈尔滨干燥设备有限公司）向被告（大陆经贸公司、珠恩嘎达布其口岸双红木业有限公司）提供干燥设备并负责到蒙古国安装调试，后双方因尾款结算及设备质量问题发生争议，原告要求被告支付尾款，而被告以设备存在质量问题进行抗辩。该案的主要特点是标的物在境外，如对双方争议的质量问题进行司法鉴定，就存在鉴定是否可行及如何进行操作的问题。

本案的诉讼标的物在蒙古国，要提供相关设备质量问题实施举证，必须要到蒙古国。并且案件的举证结果又直接关系到标的物的质量问题，所以跨国举证与调查取证对边境贸易纠纷案件的审理结果同样重要。珠恩嘎达布其口岸所在的东乌珠穆沁旗人民法院一审依据被告提供的证据，确认该设备存在质量问题，该案例反映出一个突出的问题，即境外取证的复杂性。由于各国司法制度的差异以及司法主权的要求，各国只能通过司法协助的方式对调查取证进行协调[①]。

---

　　① 关于内蒙古口岸发展及涉外审判疑难问题调研报告，内蒙古自治区高级人民法院提供，2013年。

(四)境外证据资格的审查认定难

证据资格审查,也称证据能力的审查,主要审查证据的真实性、合法性及关联性问题。中蒙边境贸易纠纷案件中的境外证据由于形成地域的特殊性,更应注重对其证据能力的审查,其中,真实性、合法性的审查相对于国内普通案件而言,又具有一定的特殊性。根据我国最高人民法院关于证据规则的规定[①],对境外证据的资格有特殊要求,按照规定中蒙边境贸易纠纷案件当事人向我国人民法院提供的证据系在蒙古国形成的,该证据应当经过蒙古国公证机关予以证明,并经我国驻蒙古国使领馆予以认证,或者履行我国与蒙古国订立的有关条约中规定的证明手续。这是对蒙古国形成的证据合法性的特殊要求,同时也是为了保证其真实性而进行的特殊程序或手续要求。但在中蒙边境贸易纠纷的审判实践中严格按照我国法律规定对境外证据进行资格审查,存在一些困难,如对在蒙古国的证据进行公证、认证费用高昂,加之当事人对涉外案件法律规定及条约内容的陌生,通常原告在起诉时并不会对相关证据办理公证、认证或证明手续,如要求所有在蒙古国的证据均需履行上述手续,原告只能撤诉后再次到蒙古国完善手续后再另行起诉,那么诉讼成本将非常高昂,同时当事人进行诉讼的时间也相对延长许多。如此往往会导致中蒙边境纠纷当事人知难而退,另寻出路。

而且,按照《最高人民法院关于民事诉讼证据的若干规定》第11条的规定对境外证据进行公证、认证,有时并不能保证该证据的真实性与合法性。在中蒙边境贸易纠纷案件诉讼过程中,第一,在蒙古国的证据进行公证产生于边境贸易纠纷当事人之间纠纷发生之后,所以属于对已经产生的证据进行的证明,也就是只能对公证证据事项进行形式上的证明,而很难对其内容进行实质性的证明。第二,我国《公证法》虽然没有对公证机构的性质进行明确规定,但是目前我国公证机构属于执行国家公证职能的事业单位法人,受我国司法部门的监督。根据我国《民事诉讼法》的规定,公证证据的

[①] 《最高人民法院关于民事诉讼证据的若干规定》第11第1款:"当事人向人民法院提供的证据系在中华人民共和国领域外形成的,该证据应当经所在国公证机关予以证明,并经中华人民共和国驻该国使领馆予以认证,或者履行中华人民共和国与该所在国订立的有关条约中规定的证明手续。"

含义是指，该证据的公证形成于证据的产生过程中，是在纠纷发生之前进行的证明活动，它的主要作用是为法院解决纠纷提供可靠的证据。

而实践中，蒙古国国家公证机构的性质与我国并不相同，并且各国法律对其公证程序的要求都不同于我国。如在蒙古国，蒙古国《公证法》第4条规定："公证机关属于非营利性法人，通过公证庭章程调整其组织活动。"第5条规定："公证机关应当有负责司法事务的中央行政机关登记。"第6条第1款规定："公证机关最高权力机关为公证庭成员会议。"而且蒙古国《公证法》第32条第1款规定："服务对象的文书与法律法规、蒙古国国际条约冲突的的事项实施拒绝公证行为。"[1] 所以在蒙古国需要公证的证据事项只要与蒙古国法律法规和国际条约冲突的，在蒙古国无法进行公证。这为我国法院审理中蒙边境贸易纠纷案件过程中对边境贸易纠纷案件当事人在蒙古国的证据进行审查认定带来了困难。

（五）跨国执行难

执行，可以说是司法活动的最后一个环节。判决得不到执行，就是一纸空文，毫无任何价值可言。我国中蒙边境地区法院审理的中蒙边境贸易纠纷案件中，因被执行人是蒙古国人或者居住在蒙古国，给我国法院判决执行问题增加了难度。司法解决中蒙边境贸易纠纷案件的实践中，经常出现蒙古国人或者居住在蒙古国的当事人回蒙古国，而法院判决无法执行的情形。我们知道，我国法院的判决只能在本国法域内有效，不可能直接在蒙古国执行。国际公约很难解决这个问题，而双边司法协助协议，则只能就约定好的情形进行，并且程序烦琐，致使很多中蒙边境贸易纠纷案件的判决得不到很好的执行。而且，执行在具体实施的过程中，有时候会涉及强制执行的问题，在这种情况下，法院就很难发挥其职能。对于边境贸易纠纷频繁发生的中蒙边境地区而言，跨国执行难问题就更加突出。

随着"一带一路"倡议的实施和中俄蒙经济走廊的建设，中蒙边境贸易

---

[1] 《НЭГДҮГЭЭР БҮЛЭГНИЙТЛЭГ ҮНДЭСЛЭЛ》32.1：" Үйлчлүүлэгч нь хэлгүй, дүлий, эсхүл монгол хэл мэдэхгүй бол нотариатын үйлдэл хийх, баримт бичиг үйлдэхдээ тэдгээрийн хууль ёсны төлөөлөгч /асран хамгаалагч, харгалзан дэмжигч/ болон орчуулагч /хэлмэрч/-ийг оролцуулна. Үйлчлүүлэгч нь орчуулагч /хэлмэрч/-ийг өөрөө сонгоно."

从类型到形式在不断更新，从范围到数量都越来越大的新形势下，如何解决形式多样的边境贸易纠纷是当前促进中蒙边境贸易健康、稳定发展的司法保障。本章结合笔者对中蒙边境口岸所在地政府相关部门，如贸促局、工商局、商务局、海关、边检站、口岸办、法院、司法局（所）、互市贸易管委会等部门的走访和访谈以及众多边境贸易公司企业的走访了解到的具体案例和相关信息，详细分析了目前中蒙边境贸易纠纷非诉讼解决机制和诉讼解决机制存在的问题。进而引出要顺应"一带一路"倡议实施和中俄蒙经济走廊的建设，有必要针对中蒙边境贸易纠纷的特点和目前边境贸易纠纷解决机制存在的问题，及时创新和完善现有中蒙边境贸易纠纷解决机制，才能够快速、合理、有效解决中蒙边境贸易纠纷，促进"一带一路"倡议的推进和落实，为中蒙边境贸易的健康发展提供有力的法律保障。

第七章 "一带一路"倡议下健全中蒙边境贸易纠纷解决机制的路径

"一带一路"在面临众多跨国界、跨领域的合作问题时，需要消除或缓解合作各方在利益、认知和规范等方面的不确定性，尤其需要相应的纠纷解决法律制度来引领、推动和保障。本章为中蒙两国跨界民族之间开展边境贸易合作与文化交流奠定一定基础的同时顺应习近平总书记提出的"一带一路"倡议，对于促进中蒙两国及其他沿线国家边境贸易的发展和合作交流，推进中俄蒙经济走廊的建设和"一带一路"从构想向现实转化具有深远的指导意义。

随着"一带一路"倡议的实施，中国与沿线国家的边境贸易合作进入高速发展期，边境贸易额快速增长、边境贸易合作领域更加全面而深入。然而，在我国沿边地区边境贸易合作蓬勃发展的同时，边境贸易纠纷解决的问题也日益突出，所以针对现行中蒙边境贸易纠纷解决机制存在的问题，客观分析新型中蒙边境贸易纠纷的类型和特点，对边境贸易纠纷解决机制进行调整和创新，才能为中蒙边境贸易继续发展提供有力的法律保障。

第七章 "一带一路"倡议下健全中蒙边境贸易纠纷解决机制的路径

第一节 中蒙边境贸易纠纷非诉讼解决机制的完善

在"一带一路"倡议的实施过程中,中蒙两国间边境贸易往来的不断扩大,在边境贸易领域也出现了不少的摩擦和纠纷。为了切实保障中蒙两国边境贸易企业和边民在边境贸易活动中的合法权益,有效化解边境贸易纠纷,本书提出了稳步推进和建立中蒙联合调解中心,进而积极探索与创新中蒙边境贸易纠纷仲裁解决机制的具体思路和创新措施。

一、中蒙边境贸易纠纷调解解决机制的完善

(一)磋商启动中蒙联合调解机制

与传统的民事诉讼解决机制和仲裁解决机制相比,中蒙边境贸易纠纷的调解解决机制具有其非对抗性、程序简易灵活、成本低、效率高等优势,在中蒙边境贸易纠纷解决实践中,越来越受到更多中蒙边境贸易双方当事人的重视和采用。

中蒙两国共同致力于推动以调解的方式解决两国商业活动中出现的商事纠纷,2016年8月4日在俄罗斯赤塔召开的中俄蒙工商论坛上,中国国际贸易促进委员会/中国国际商会调解中心(以下简称中方)与蒙古国国家工商会调解中心(以下简称蒙方)正式签署了《中蒙联合调解合作协议》。协议规定中方和蒙方同意共同组建调解中心,该中心定名为:中蒙商事联合调解中心。中蒙商事调解中心设有两个秘书处:中方秘书处设在内蒙古呼和浩特市,蒙方秘书处设在乌兰巴托市。中蒙商事联合调解中心受理的所有案件,不论是在呼和浩特市还是在乌兰巴托市的秘书处受理,均应由两个秘书处共同处理,调解中心所受理的所有案例,秘书处将在呼和浩特和乌兰巴托进行

调解，定期交流相关信息。

在"一带一路"倡议下建立中蒙联合调解机制，通过调解方式来解决中蒙边境贸易纠纷，是中蒙边境贸易纠纷非诉讼解决机制的一次创新之举。中蒙联合调解机制在受案范围方面不受中蒙边境贸易纠纷涉及的两国不同地域限制，也不需要边境贸易双方当事人的提前约定，有利于高效便捷地解决中蒙边境贸易纠纷，及时、有效地维护边境贸易企业及边民合法权益，将有利于维护和发展中蒙两国边境贸易纠纷双方当事人之间的贸易合作关系。

目前，我们在《中蒙联合调解合作协议》框架下，广泛宣传中蒙联合调解机制的机构和运行方式，让更多的中蒙边境贸易纠纷能够通过专业化、国际化的调解解决机制解决，积极磋商启动中蒙联合调解机制。同时还可以发挥中蒙商事联合调解中心选定的调解员和法律专家的专业优势，在中蒙边境地区开展法律咨询、边境贸易企业资信调查、经济技术合作贸易进行法律环境论证等综合性的法律服务，从而为中蒙边境贸易经济技术合作投资提供从风险防范到边境贸易纠纷解决全方位的法律保障。

（二）追加调解主体加强联合调解

边境贸易是毗邻国家之间特有的一种贸易形式，是国家对外经济贸易的重要组成部分。中蒙边境贸易纠纷主要发生在中国与蒙古国的接壤边界地区，在中国与蒙古国接壤边界地区有内蒙古自治区和新疆维吾尔自治区，都属于我国少数民族聚居的民族自治地方。尤其是我国内蒙古自治区与蒙古国都是蒙古族的集聚地，他们具有同根同源的特性，两地的蒙古族有着共同的民族语言、民族文化及风俗习惯，这是两国边境贸易纠纷联合调解解决的基础。所以，我们在《中蒙联合调解合作协议》的框架下，追加调解主体，积极促进中蒙两国相互开放的边境口岸所在地相关部门的联合调解，才能满足中蒙边境贸易纠纷时间短、公平、公正、快速解决的需求。

案例7-1 2016年9月，蒙古国A公司与中国B公司在中国珠恩嘎达布其口岸签订了绒毛地毯换装修材料的易货贸易合同，双方当场盖章签字。随后，蒙古国A公司与中国B公司双方同时办理出口和进口的易货贸易业务。合同履行中，中国B公司收到蒙古国A公司所供的全部货物绒毛地毯后，只给付了部分换货，因国内市场装修材料价格上涨等原因，中国B公司拒绝再发第二批，遂双方发生争议。蒙古国A公司通过蒙古国驻华使馆商务处致函内蒙古贸促局，建议予以协调。

蒙古国A公司要求中国B公司继续履行原合同，并赔偿由此产生的损失。中国B公司以受市场价格的客观原因为由拒绝换货。

本案由内蒙古贸促局与珠恩嘎达布其口岸所在的东乌珠穆沁旗贸促会组成了联合调解专门小组，联合协调此争议。正式调解前，追加调解主体成为必要步骤。一方面，专门小组亲自赶赴进口口岸珠恩嘎达布其海关及外运公司，调取了中国B公司的报关单和外贸代理合同。上述实际履行的生效文书上，均盖有边贸公司B公司的印章。另一方面，专门小组委托中国珠恩嘎达布其口岸对接的蒙古国毕其格图海关，调取了蒙古国A公司办理该笔业务的报关单等文件。同时本案联合调解专门小组联系蒙古国驻华使馆商务处巴某（蒙古国A公司联系的蒙古国驻华使馆商务处工作人员），追加其代表蒙古国A公司参与联合调解专门小组的调解活动。

至此，确定调解参与的四方主体（内蒙古贸促局、珠恩嘎达布其口岸所在的东乌珠穆沁旗贸促会、中国B公司代表和蒙古国驻华使馆商务处工作人员巴某），由内蒙古贸促局调解中心主持调解，在东乌珠穆沁旗贸促会和蒙古国驻华使馆商务处工作人员巴某的协调下，蒙古国A公司和中国B公司达成了调解协议。本案在三方调解主体（内蒙古贸促局调解中心、东乌珠穆沁旗贸促会和蒙古国驻华使馆商务处工作人员巴某）联合调解下，中蒙边境贸易双方当事人蒙古国A公司与中国B公司签订了调解协议，由中国B公司按照原双方易货贸易合同的要求在30天之内向蒙古国A公司提供原定规格的装修材料；蒙古国A公司放弃原主张的由违约方中国B公司支付合同标的额10%的违约金请求。因为蒙古国A公司不方便参与调解，调解过程中有关蒙古国A公司的主张和要求都通过蒙古国驻华使馆商务处工作人员巴某来传达，最后达成的调解协议也通过蒙古国驻华使馆商务处工作人员巴某移交给蒙古国A公司。

本案参与调解的三方主体当中蒙古国驻华使馆商务处工作人员巴某主体

资格具有特殊性。对中蒙边境贸易纠纷中，要充分发挥中蒙联合调解的作用，仅依靠《中蒙联合调解中心》设立的两个秘书处来调解处理所有中蒙边境贸易纠纷无法满足中蒙边境贸易纠纷解决的现实需求。由于中蒙边境地区边境线长、各个口岸的发展定位不同、边境口岸地区聚居的居民结构也不同。同样的中蒙边境贸易纠纷，在不同的口岸地区呈现出不同的特点，所以我们在调解解决中蒙边境贸易纠纷的时候，也要根据不同地区不同纠纷当事人的需求，追加对中蒙边境贸易纠纷的调解提供帮助的调解主体，并与各方调解主体能够联合调解，达到有效解决中蒙边境贸易纠纷和促进沿边地区跨越式发展的目的。

在法理上，本案追加的联合调解主体蒙古国驻华使馆商务处工作人员巴某的行为，是属于我国的民事代理还是外贸代理，便产生了矛盾与冲突。根据我国《民法总则》中规定的代理人概念，民事代理人在被代理人授权的代理权限内，以被代理人的名义实施民事法律行为，被代理人对外承担民事责任。根据我国对外贸易法的规定外贸代理制中的代理，不同于《民法总则》中的代理，外贸代理是指有外贸经营权的公司、企业，根据无外贸经营权的公司、企事业单位及个人的委托，以自己的名义办理进出口业务的一种法律制度。它的产生是以中国外贸经营权的审批制为基础的。民事代理与外贸代理的主要区别在于它们的主体不同，关于被代理人或第三人，在民事代理中是一般的自然人或法人，而在外贸代理关系中的被代理人可以是指经过中国工商部门登记，从事一定营利性经营活动的法人、合伙企业、私营企业及个体工商户或者是中国承认的在国外依法登记成立的外国商人。并且在民事代理的代理人通过被代理人的授权行使民事法律行为，至于行为对第三人产生的后果由被代理人承担。所以在本案当中追加的联合调解主体的行为属性，更倾向于我国的民事代理。然而他又是蒙古国驻华使馆商务处工作人员，如果属于民事代理的话，也只能是以巴某的个人名义代理蒙古国A公司参与调解，这样一来他只能是代理蒙古国A公司参与本案调解的中蒙边境贸易当事人。现实中之所以有人认为他的行为属于边贸代理，是因为他作为蒙古国驻华使馆商务处工作人员具有外事尤其是对外商业贸易活动具有行政职权的属性，所以上述法理问题相当复杂。我们在解决中蒙边境贸易纠纷的过程中，

第七章 "一带一路"倡议下健全中蒙边境贸易纠纷解决机制的路径

积极带动相关部门的职能，赋予边境贸易相关的部门参与区域联合调解的主体资格，为中蒙边境贸易纠纷的调解解决提供方便，赋予联合调解机制能够有效解决中蒙边境贸易纠纷，具有重要意义。

笔者在二连浩特市贸促局走访调研时了解到，类似民事代理的代理人作为行政调解主体参与中蒙边境贸易纠纷调解解决的现实案例也出现过，如二连浩特市贸促局派专人负责协调中蒙边境贸易主体在蒙古国境内发生的边境贸易纠纷。此人行政隶属关系上属于二连浩特市贸促局（具有贸促局工作人员的职能），但他从事的业务范围主要是中蒙边境贸易纠纷双方的联络员或调解员等多重身份。由于中蒙边境贸易纠纷大多发生在跨界而居的不同国家参与边境贸易的主体（边民个体、边境贸易企业等）之间，要求纠纷双方必须参与调解解决全过程不太现实（两国之间的进出境手续和办签证等费用，不仅浪费时间还会增加当事人的负担）。所以二连浩特市贸促局派出专人（也称驻蒙古国联络员）定期与蒙古国海关、蒙古国公平竞争与消费者保护局、中国驻蒙古国商会等机构联络并交流边境贸易相关政策信息的同时，经常代表蒙古国境内的蒙古国消费者或者中国边境贸易企业将与中国境内的边境贸易经营者之间发生的边境贸易纠纷的请求移转到二连浩特市工商局，然后由二连浩特市工商局派工作人员对我国境内的边境贸易纠纷另一方当事人相关纠纷的具体情况进行调查，最后通过二连浩特市贸促局驻蒙古国联络员、二连浩特市工商局工作人员、中国境内当事人的参与下调解解决纠纷。

所以上述调整中蒙边境贸易纠纷相关法律法规的规定和法学理论与中蒙边境贸易纠纷跨界地域性，决定了追加调解主体联合调解成为解决中蒙边境贸易纠纷现实的有效途径。在上述与案例7-1类似的具体边境贸易纠纷调解解决过程中，对于边境贸易联合调解案例的调解要点，总结出了"追加调解主体、加强联合调解"的经验，这是有效解决中蒙边境贸易纠纷比较新型的调解方式。首先我们通过边境贸易相关管理机构专业人员的调查，收集具体边境贸易纠纷的事实和争议焦点，然后本着公平公正的原则，在致力于维护中蒙边境双方当事人的合法权益的同时，依法联合调解边境贸易纠纷，进一步完善中蒙联合调解机制，充分发挥联合调解的作用。

（三）加强区域联合调解

非诉讼纠纷解决机制在行政法领域广泛应用，使得行政调解这种被人们称之为"东方经验"的民事纠纷处理方式得到了业界的关注和认可。而在处理中蒙跨界少数民族边境贸易纠纷时，由于基层行政部门分布范围广，所以中蒙边境贸易纠纷行政调解机制的建立有利于基层行政部门对管辖范围内发生的跨境少数民族边境贸易纠纷进行及时调解，将矛盾化解在萌芽状态。

笔者在内蒙古自治区中蒙边境口岸调研过程中发现，除了经济技术合作贸易纠纷外，常见的货物贸易、服务贸易领域的中蒙边境贸易纠纷共同的特点是涉案金额小，但如果不及时解决足以影响从事边境贸易小微企业的生存状态。如果把这些边境贸易纠纷通过我国中蒙边境贸易纠纷诉讼解决机制解决，一方面要遵守我国关于涉外民事诉讼程序的严格程序与步骤，诉讼成本高；另一方面无法得到及时、有效的解决，会影响小微企业的生存，所以诉讼解决机制一般也不被中蒙边境贸易纠纷当事人所接受。而我国中蒙边境各口岸乡镇都设有司法所、边检站、海关、工商局（所）、商务局、外事办和口岸办等行政主体，因此在中蒙边境地区发生跨境边境贸易纠纷时，发挥行政调解的普适性（普遍性和适用性），提高边境地区与边境贸易相关管理职能的行政部门的协调能力，形成区域联合调解机制。在中蒙边境各个口岸发生的不同类型中蒙边境贸易纠纷，由本区域内的区域联合调解机制解决。这样有利于提高解决边境贸易纠纷效率，有利于方便纠纷当事人，减少解决纠纷的成本。并且定期让各个口岸地区的行政管理部门对本地区中蒙边境贸易纠纷的特点和解决纠纷积累的经验进行交流，建立信息共享平台，形成一种习惯或者常态，将更加有利于中蒙边境贸易的持续发展和边境地区社会纠纷的有效治理。

案例7-2 中国公民格日乐玛在蒙古国扎门乌德市从事边境贸易经营，2015年7月24日蒙古国消费者那木尔从她的家具店里订购价值48000元的家具，并协商现场付定金2000元，其他余款46000元商品运到蒙古国乌兰巴托市后支付。按照约定4天后2015年7月29日商品托运到了乌兰巴托市，但是消费者拿到货物查看后说与当时购买的沙发不一

第七章 "一带一路"倡议下健全中蒙边境贸易纠纷解决机制的路径 | 145

样,质量差、颜色不同、缝纫技术差等,拒绝支付剩余货款,并要求退货退款。格日乐玛与消费者协商无果的情况下,找到了驻蒙古国领事馆,因为领事馆没有解决纠纷职能,但是为维护中国公民合法权利,由蒙古国中国领事馆联系到蒙古国公平竞争与消费者保护局和二连浩特工商局蒙古国扎门乌德市消费者维权联络员包某。最后于2015年8月1日由中国驻蒙古国领事馆负责消费投诉点的工作人员巴根那、蒙古国公平竞争与消费者保护局工作人员思日古愣、二连浩特工商局蒙古国扎门乌德市消费者维权联络员包某调解和劝说。达成蒙古国消费者支付剩余货款45000元,因为货物本身稍微有瑕疵从原定价格减去1000元,7月29日到8月1日期间格日乐玛他们在乌兰巴托市的住宿等费用,由格日乐玛自己承担的调解协议,蒙古国消费者那木尔当时支付了45000元货款。

本案是中蒙边境贸易纠纷中比较常见的货物贸易纠纷类型。因为纠纷双方当事人的所属国籍不同,任何一方的行政部门去调解都不会达到双方都满意的结果,因此也很难达成调解协议。只有各自所属国家的管理部门或者中立的第三方调解才能够让当事人达到公平、合理的感性认识。所以,调解中蒙边境贸易纠纷在启动国家层面的双边联合调解机制的同时,也要及时设立各个边境口岸(尤其是边境贸易比较发达的甘其毛都、二连浩特、策克等公路口岸)所在地的分支联合调解机制,加强区域联合调解机制建设。

(四)建立与基层组织的联动调解机制

基于中蒙边境贸易纠纷案件的特殊性,建议成立由口岸管理机构、口岸所在地政府外事办、海关、国检、边检、边防派出所、司法局、商务局、工商局、贸促局、外商会等部门组成的边境贸易纠纷联动调解机构。对于在中蒙边境口岸发生的相关边境贸易纠纷在纠纷双方当事人无法自行和解的情况下,引导当事人到该机构进行调解解决。边境贸易纠纷联动调解机构定期召开联席会议,通报各自管控情况,及时研究边境贸易纠纷处理中存在的问题,制定解决问题的措施,建立健全信息共享、沟通便捷、相互支持的行政保护与司法保护工作机制。

在中蒙边境口岸地区的民间调解机制、行政调解机制和商事调解机制之间，组成调解解决边境贸易纠纷联席会议机构，定期召开联席会议，同时建立联络员制度，通报边境贸易纠纷相关信息，各种边境贸易纠纷调解机构之间委托收案、邀请协助调解制度，建立与基层组织的联动调解的长效机制。充分发挥解决中蒙边境贸易纠纷人民调解机制、行政调解机制和商事调解机制的合力，边境地区相关部门之间上下沟通，协同合作，分析各自辖区内的主要边境贸易纠纷的情况并进行梳理分流，交流相关信息，明确责任单位；通报辖区或联系各相关部门联合调解纠纷，并及时总结调解中蒙边境贸易纠纷的有效方法和存在的问题，适时边境地区调解机制和相关管理部门联合出台相关文件，规范联动调解机制的相关事项。对成功调解解决过的重点边境贸易纠纷，及时回访，了解和督促调解协议履行情况，确保调解效果，以便充分发挥联动联合调解机制的优势，达到中蒙边境贸易纠纷解决的法律效果与边境贸易稳定发展的社会效果的有效统一。

（五）建立跨国纠纷异地调解机制

现阶段，中蒙联合调解中心刚成立，中蒙边境贸易纠纷的联合调解机制正处于通过中蒙边境贸易纠纷解决实践不断探索与进一步完善中，同时中蒙边境各个口岸所在地根据当地边境贸易纠纷的特点和解决跨境边境纠纷的实际需求，不断寻求更加有效的调解机制。

笔者在内蒙古二连浩特市工商行政管理局走访调研时获悉，2012年"3·15"活动期间二连浩特市消费者协会与蒙古国乌兰巴托市消费者协会在二连浩特市共同签订了《中国二连浩特市消费者协会与蒙古国乌兰巴托市消费者协会消费维权合作框架协议》。2015年3月，蒙古国公平竞争和消费者保护局局长德·阿尤尔赛汗一行到二连浩特市工商局进行工作交流，共同签订了《中国二连浩特市工商局与蒙古国公平竞争和消费者保护局消费维权合作备忘录》。2016年1月，蒙古国消费者权益保护联合协会会长阿·阿荣宝力道一行到二连浩特市消费者协会进行工作交流，签订了《二连浩特市消费者协会与蒙古国消费者权益保护联合协会合作备忘录》，通过加强多层沟通，积极探索建立国际消费者维权新机制，为解决跨国边境贸易纠纷异地解决打下基础。

通过大量的探索实践，二连浩特市工商局与蒙古国乌兰巴托市、扎门乌德市消费者协会建立了跨国投诉异地处理机制，即当消费者在对方国家购物消费回国后，发现权益受到侵害时，可向其本国消费者权益保护机构投诉，相关证据通过当地消费维权机构移交给对方消费维权机构，由对方消费维权机构对受理的投诉和争议事实进行调查核实，并处理反馈，方便对方国民投诉，节省边境贸易纠纷解决成本。同时，在符合外事工作纪律的前提下，也可以通过外事部门，将蒙古国公民提交到蒙古国驻二连浩特市领事馆的消费投诉案件移交给二连浩特市工商局调解解决，最大限度地方便了中蒙边境贸易纠纷的调解解决。2014以来，二连浩特市工商局共受理蒙古国消费者投诉的边境贸易纠纷111件，调解解决了111件，为蒙古国消费者挽回经济损失163.9万元人民币[①]。

中蒙商事调解中心的建立为中蒙边境贸易纠纷的调解解决提供了更为便利的平台。在如何充分发挥中蒙联合调解机制的作用、更加有效地运用于中蒙边境贸易纠纷的解决实践中，形成长效解决中蒙边境贸易纠纷解决机制，对于中蒙边境地区和谐稳定和我国边境民族地区的经济发展具有非常重要的意义。我们在启动中蒙两国双边联合调解机制的同时推进跨境经济合作区、边民互市贸易市场的建设，建立双边联合调解机制、区域联合调解机制、次区域联合调解机制等边境贸易纠纷联合调解机制网络。此外加强与各级基层组织的联动调解和长效沟通机制，大幅提升边境贸易纠纷调解工作效能，并通过在社区、商会聘请义务监督员和调解员、在商业密集的跨境经济合作区和边民互市贸易市场设立投诉站和维权服务网，不断提高边境贸易纠纷调解效率，为中蒙边境贸易纠纷有效解决提供保障。

二、中蒙边境贸易纠纷仲裁解决机制的完善

仲裁程序充分贯穿了当事人意思自治原则，且为一裁终局，程序简便，具有一定的灵活性。随着中蒙两国双边战略合作关系的深入发展，双边经济

---

① 2016年12月二连浩特市工商局提供。

合作领域进一步扩大,边境贸易合作日益频繁,势必会产生不同领域的利益冲突纠纷。在中蒙边境跨境经济合作区、边民互市贸易市场等还没有专门的机构来解决边境贸易往来中发生的大量中蒙边境贸易纠纷,如果中蒙边境贸易纠纷双方当事人通过调解机制调解无法达成协议的话,可以选择用诉讼解决机制或仲裁解决机制。而通过诉讼解决机制解决中蒙边境贸易纠纷时,需要按照严格的涉外民事诉讼的程序和中蒙两国司法协助条约规定进行,这对于中蒙边境贸易纠纷当事人而言,无疑增加了当事人纠纷解决的时间成本,带来诉讼成本较高的困扰。

届时,全球边境贸易快速发展,对各种边境贸易纠纷解决机制的要求会越来越高,我们在设计适合中蒙边境贸易发展趋势的中蒙边境贸易纠纷解决机制时,要用发展的眼光去设立,在中蒙边境贸易纠纷的解决实践中建立有效可行的常态化纠纷解决机制。我们可以借鉴国际仲裁机制的具体规则,建立中蒙边境贸易纠纷仲裁解决机制。

(一)建议设立中蒙边境贸易纠纷仲裁机构

可以通过外交途径促使中蒙两国相邻边境口岸贸易城市建立相应的仲裁分会,使仲裁成为两国口岸贸易纠纷的有效解决方式之一,为中蒙边境贸易纠纷解决提供多种灵活、高效的仲裁程序。如设立小额争议程序、紧急仲裁、网上仲裁等特别程序。同时加大和完善两国之间的司法协助,建议简化申请执行仲裁裁决的程序,降低仲裁裁决的执行成本。

1.根据中蒙边境贸易纠纷案件事实和权利义务关系的特点,对案件进行仲裁前和仲裁过程中加入调解协商的程序,对事实清楚、权利义务关系明确的中蒙边境贸易纠纷,由中蒙联合调解机构对其进行协商调解,由中蒙联合调解中心委任的调解员主持达成的调解协议,中蒙边境贸易仲裁机构根据调解协议形成仲裁裁决,并出具仲裁调解书或裁决书。

2.对中蒙边境贸易纠纷仲裁机构成功调解或裁定案例,根据中蒙边境贸易纠纷案件的不同类型和特点进行归类和总结。寻求中蒙边境贸易纠纷仲裁裁决的成功经验和边境贸易案件仲裁裁决的规则进行整理,以进一步推进中蒙边境口岸地区和中蒙跨境经济合作区的边境贸易惯例的形成。

3.为了中蒙边境贸易纠纷仲裁机构的仲裁裁定能够在中蒙两国得到有效

承认和执行。根据《蒙古国仲裁法》的规定应当将仲裁裁决书、仲裁协议翻译成蒙文，经过证实后附在执行仲裁裁决的申请书中，才可以得到蒙古国的承认和执行[①]。还有蒙古国《法院判决执行法》规定"执行外国法院、仲裁机关判决或裁决的过程，有本法和国际条约规定"。因此如不存在相互承认法院判决的公约或条约，外国法院判决或仲裁裁决不会被蒙古国所承认。所以建议对原有中蒙两国司法协助条约进行修订或者中蒙两国政府可以再签订《关于承认和执行联合仲裁机构裁决的议定书》，在议定书中具体规定承认和执行中蒙边境贸易纠纷联合仲裁裁决的相关内容。

（二）建立临时仲裁机构

中蒙边境贸易纠纷临时仲裁机构是指根据边境贸易纠纷双方当事人之间的仲裁协议，在边境贸易纠纷发生后，由双方当事人推选仲裁员，在中蒙边境口岸地区临时组成仲裁庭，该仲裁庭仅负责审理本案，并在审理终结本案作出裁决后即可自行解散。该临时仲裁机构的组成及其活动规则、仲裁程序、法律适用、仲裁地点、裁决方式以及仲裁费用等都可以由中蒙边境贸易双方当事人协商确定。它是仲裁机构的初始形态，临时仲裁比机构仲裁历史悠久，目前仍得到很多国家的承认，特别是在海事纠纷处理方面它还是主流方式。目前，临时仲裁制度事实上已经在联合国《承认及执行外国仲裁裁决公约》第一条第三款中确立。我国和蒙古国都是此公约成员国，虽然都认可该公约的规定，但在现行制度中并无体现，不能不说是一个重要的缺憾。

基于边境贸易纠纷案件的特殊性，建议成立由口岸管理机构、海关、边检站、公安、交警、口岸所在地政府、企业协会、工商局、商务局和司法所等部门组成的边境贸易纠纷临时仲裁机构，对于在中蒙边境贸易口岸发生的边境贸易纠纷双方当事人无法自行和解的情况下，引导当事人到该机构进行调解或仲裁解决。为促进中蒙边境贸易纠纷高效、快捷的解决，中国国际贸易促进委员会内蒙古调解中心承担了解决国际经济及其他有关国际商事方面

---

① 《Монголулсын арбитрынтухай хууль》42.1: "Иргэний шийдвэр гүйцэтгэх ажиллагааны явцад мэргэжлийн тусгай мэдлэг шаардсан асуудлаар дүгнэлт гаргуулах зорилгоор шийдвэр гүйцэтгэгч өөрийн санаачилгаар, эсхүл оролцогч талын хүсэлтээр шинжилгээ хийж, дүгнэлт гаргах тусгай мэдлэг бүхий, иргэний шийдвэр гүйцэтгэх ажиллагааны үр дүнд хувийн ашиг сонирхолгүй этгээдийг шинжээчээр томилон оролцуулж болно."

争议的部分调解职能,他们主要以调解的方式解决国际经济、贸易、金融、投资、技术转让、专利、商标、工程承包、运输保险以及其他商事方面的争议。但在实践中,该办事处解决涉外纠纷的作用并未得到充分发挥,最重要的问题是对其协调案件决定书的效力认定问题。蒙方当事人由于在中国境内没有资产或居留时间有限不能及时履行义务,回蒙古国后我方无法取得联系而使案件先期作出的调解协议及裁决书成为一纸废文。以2013年为例,该办事处受理咨询边境贸易纠纷53起,但仅有两起进入调解程序,并成功调解[①]。所以内蒙古其他中蒙边境口岸所在地也可以成立相对独立的纠纷调处仲裁机构。并且这种仲裁机构与人民法院建立沟通联系,协调案件决定书与仲裁裁决给予司法确认赋予强制执行的效力,从而达到有效解决中蒙边境贸易纠纷的目的。

这样,才能使边境地区的贸易纠纷仲裁解决成为一种常态机制,才能使边境地区政府职能得到更好地发挥,而且为边境地区的经济发展和社会稳定提供良好的司法保障。

第二节 中蒙边境贸易纠纷诉讼解决机制的完善

民事诉讼解决机制在中蒙边境贸易纠纷解决机制中占据核心地位,是中蒙边境贸易纠纷非诉讼解决机制存在、运行和发展的前提与基础,是解决中蒙边境贸易纠纷的最终途径。

[①] 内蒙古口岸发展及涉外审判疑难问题调研报告,内蒙古自治区高级人民法院提供,2013年。

一、确立案件性质的认定标准

随着"一带一路"倡议的实施和中俄蒙经济走廊建设，中、蒙两国之间的边境贸易往来日益增多。在频繁的边境贸易和跨境经济合作区的贸易往来中，不可避免地出现了大量的边境贸易纠纷，由于边境贸易纠纷中存在涉外因素的特殊性，纠纷诉至法院后，法院首先要审查受理的中蒙边境贸易纠纷案件是否属于涉外案件。因此，涉外因素的考量是边境贸易纠纷案件认定以及法律适用的核心基础。在诸多因素中，法院应权衡各因素与案件的联系，从中获取与案件具有最密切联系的因素，以此来审查所诉中蒙边境贸易纠纷案件是否属于涉外案件，最终确定案件所适用的法律。

案例7-3　原告内蒙古阿拉善左旗中泰有限责任公司（以下简称中泰公司）和被告阿拉善盟海洋工贸有限责任公司（以下简称海洋公司），被告海洋公司在蒙古国境内那林河地区新建一处砖厂，因为没有轮窑未投入生产。经过他人介绍，原、被告双方一起到蒙古实地考察后，于2008年11月2日签订了《承包砖厂合同书》。合同约定承包期5年，开办砖厂各项合法手续由被告方办理。原告负责提供出国工人的护照，出国签证由被告方负责办理，费用由原告承担。并约定被告方应当于2009年3月15日前将砖厂移交给原告，被告必须在2009年5月1日前正式将轮窑交付给原告使用，否则每推迟一天，被告应赔偿原告损失2万元人民币。后原告方组织了工人，并办理护照，做了出国前的准备，于3月15日交给被告出国人员的护照和办签证费用7万元人民币。于2009年3月9日、4月5日分两次给被告交合同保证金20万元人民币。被告海洋公司法人于2009年4月6日与原告中泰公司法人先后到二连浩特办理出国签证，由于原告给被告递交出国人员的护照及办理签证费用时，没有给原告留下足够的正常的办理期间，导致原告工人的出国劳务签证在当时无法及时办理。原告方的34名工人在二连浩特等了数日，于4月18日办了旅游签证，期限一个月。19日原告方工人到达蒙古国后，因被告所提供的生产、生活条件无法满足正常施工的要求，加之旅游签证的期限快到期，劳务签证又办不下来，原告的工人即全部回国。后工人到阿拉善左旗向原告索要工资，原告垫付工资共计17万余元。原告与被告协商终止合同，被告既不同意解除，也不退还保证金。由于被告未及时办理签证，工人到蒙古后又因为被告无法提供资金，致使工人无法按照承包合同组织生产，导致原、被告签订的承包合同无法履行，原告中泰公司要求被告承担不能履行合同的违约责任及过错。

被告认为原告到蒙古接受砖厂后，并未积极组织施工。到蒙古国后不久，原告就擅自返回阿拉善盟，工人无人管理，造成轮窑封顶工程未按时完工，合同约定的2009年5月1日原告接受轮窑后开始正式生产，由于原告不在蒙古组织施工导致答辩人无法按时将砖厂整体交给原告。被告自己出资办理了原告的劳务人员的出国签证，因为原告独自返回阿拉善，失信于劳务人员，导致劳务人员返回阿拉善找原告讨薪，使砖厂完全陷于瘫痪。基于上述事实被告认为原告所提供的50万元人民币的违约金不成立，原告应向答辩人支付30万元人民币的合同保证金，该保证金在原告不履行合同时将不予退还。该合同履行中，被告并不存在违约。[①]

本案中合同双方当事人均为中国公民，合同的客体以及履行地均在蒙古国（外国），此类合同案件涉及认定案件是否涉外以及判断案件的法律适用问题。综观我国《民法总则》《涉外民事关系法律适用法》以及最高人民法院关于《审理涉外民事或商事合同纠纷案件法律适用若干问题的规定》（以下简称《若干问题的规定》）等中蒙边境贸易合同相关法律和司法解释的规定中，中蒙边境贸易纠纷案件都是以法律关系三要素的涉外性来判断案件是否具有涉外因素的。而我国中蒙边境地区法院在审理中蒙边境贸易纠纷案件时，将边境贸易纠纷案件涉外性的判断重点放在中蒙边境贸易纠纷案件法律关系的主体上，即通过中蒙边境贸易纠纷案件法律关系的主体是否有蒙古国的当事人来判断整个边境贸易纠纷案件的涉外性。以法律关系主体为主，法

[①] 本案有内蒙古自治区阿拉善中级人民法院提供，2016年。

第七章 "一带一路"倡议下健全中蒙边境贸易纠纷解决机制的路径

律关系客体、内容为辅的涉外因素的判断标准，也对法官在审查中蒙边境贸易纠纷案件涉外性带来一些问题。例如，能否以中蒙边境贸易纠纷案件法律关系主体涉外认定法律关系涉外，是否将法律关系主体涉外限定为主体的国籍涉外，等等。无疑，这些问题给法官在认定中蒙边境贸易纠纷案件性质时增加了难度。

关于中蒙边境贸易纠纷案件的认定问题，理论界存在两种主流观点：第一种观点是法律关系三要件说，即中蒙边境贸易纠纷案件的涉外因素包括三个方面：一是中蒙边境贸易纠纷法律关系主体具有涉外因素；二是中蒙边境贸易纠纷法律关系内容发生、变更、消灭的法律事实发生在国外；三是中蒙边境贸易纠纷法律关系当事人之间发生争议的诉讼标的物在国外。第二种观点是客观联系说，这种观点对案件涉外的判断要相对广泛，只要案件与涉外因素有联系，都可以判定为涉外案件。这种联系也没有具体的范围，而是依照个案来进行判断。上述两种观点，实际都有自己的依据，但也都存在不同的问题。法律关系三要件说通过中蒙边境贸易纠纷案件实质联结因素上的列举来认定中蒙边境贸易纠纷案件的涉外因素，可以为法官认定涉外案件提供定性的审查依据，但仅仅通过联结因素作为认定涉外案件的依据也难免范围较窄。而相比法律关系三要件说，中蒙边境贸易纠纷案件客观联系说认定中蒙边境贸易纠纷案件是否涉外案件的依据过于笼统，但也有理论存在的价值，该说可以弥补和查缺法律关系三要件连接因素的盲区。因此，笔者倾向于两种观点的折中，即中蒙边境贸易纠纷案件综合法律关系三要件对于涉外因素的概括和客观联系说的列举来审查中蒙边境贸易纠纷案件的涉外因素。

尽管，我国关于中蒙边境贸易纠纷案件认定及法律适用的相关法律法规呈现复杂化趋势，但相对于纷繁复杂的边境贸易纠纷案件的事实构成来说，还不能有效地解决中蒙边境贸易纠纷案件涉外性的认定问题。笔者认为，在司法实践中，认定涉外案件时在遵循我国有关涉外案件法律适用的强制性规定前提下，通过规定概括性条款，在中蒙边境贸易纠纷案件的审判法官赋予一定的自由裁量权，使之对边境贸易纠纷案件涉外性的认定标准能够适应中蒙边境贸易的快速发展。

二、统一法律适用标准

在中蒙边境贸易纠纷案件的诉讼中，法官既要考虑当事人的选择，也要依法强制性适用法律的同时发挥法官的释明权。在司法实践中，绝大多数在中国起诉的中蒙边境贸易纠纷案件的审理适用中国法。

对于上述案例7-3，此类中蒙边境贸易纠纷案件的法律适用问题会成为我国法院审理中蒙边境贸易纠纷案件的难点。一般来说，大陆法系国家奉行国籍为属人法的连结点，所以按照大陆法系国家标准，中蒙边境贸易纠纷案件一方当事人或双方当事人具有蒙古国国籍，即主体涉外。而英美法系国家多以住所地来判断当事人是否涉外[①]，所以按照英美法系国家的标准，根据中蒙边境贸易纠纷案件当事人的住所地或经常居住地是否在蒙古国来认定案件的涉外性。

对于此类中蒙边境贸易纠纷案件的法律适用，应根据与该案件的法律关系与当事人有最密切联系地的法律加以适用。案例7-3中虽然合同标的和履行地都在蒙古国，但是合同双方当事人均为中国公民，争议的事实与诉讼请求最密切联系地是中国。这也与我国边境贸易在内的民商事领域的立法，对于国际公约和国外立法的法律迁移有着密切关系。

最密切联系原则最早确立于1978年《奥地利联邦国际私法法规》，也是美国《第二次冲突法重述》的理论基础。最密切联系原则由于在指导涉外案件法律适用上的灵活性、准确性，被广泛地运用于国际私法方面的国际公约。所谓最密切联系原则，是指在处理中蒙边境贸易纠纷案件时，找出与中蒙边境贸易纠纷案件法律关系或案件当事人有最密切联系地法律加以适用。

我国立法和司法解释中也采用过最密切联系原则。例如，根据我国《民法通则》第144条规定[②]，中蒙边境贸易合同双方当事人可以平等、合意、协商选择边境贸易合同纠纷案件所适用的法律。中蒙边境贸易合同当事人没有选择的，适用与该中蒙边境贸易合同有最密切联系地国家的法律。最高人

[①] 孙宁：《我国涉外劳动合同的法律完善》，《合作经济与科技》2011年第5期，第127页。

[②] 《民法通则》第144条规定："合同当事人可以选择处理合同争议所适用的法律。当事人没有选择的适用与合同有最密切联系的国家的法律。"

民法院关于《若干问题的规定》也是依据最密切联系原则,并参照我国《合同法》规定的主要合同类型,共列举了十七类合同的最密切联系地法律。关于最密切联系原则的具体运用,大陆法系国家普遍采用"特征履行"的方法来确定边境贸易纠纷法律适用,法官通过对合同形成过程中各要素的定量和定性分析综合确定合同的准据法,即通过合同中最为本质的特性来认定合同的准据法。我国立法虽然没有明确规定最密切联系原则的使用方法,但在司法实践中具体适用最密切联系原则,强调从实质和形式两个维度来进行衡量。在实质维度,最高人民法院关于《若干问题的规定》中明确规定了十七类合同的法律适用问题,同时明确确认了无法判断合同明显地与另一国家或地区的法律有更密切联系时,人民法院遵循"不方便法院原则"以另一国家或地区的法律作为处理合同争议的依据。在形式维度,采用法官自由裁量或有条件的自由裁量和法律强制性规定三种形式来保证最密切联系原则的灵活性。通过中蒙边境贸易纠纷案件的最密切联系地来确定中蒙边境贸易当中的劳务合同案件的法律适用,有利于中蒙两国劳务合作和维护我国在蒙古国务工人员的合法权益。

案例7-3的法院生效判决认为,按照我国《合同法》第108条的规定[①],合同订立后,当事人不按合同的约定履行合同义务,履行义务不符合合同约定的合同应予解除。本案中被告在蒙古国的生产场地没有按照合同约定给原告方提供生产、生活所需的必要条件,使原告的工人到达后无法投入生产致合同无法履行。而原告公司在合同签订后,没有按照合同约定及时向被告提供赴蒙古国工人的护照,导致被告没有充足合理的时间办理劳务签证,使原告组织的工人在蒙古国无法继续停留生产、生活,提前回国后合同无法履行。双方当事人在合同履行中都存在违约行为使合同无法履行,该合同应予解除,因双方违约而产生的费用不予支持。本案合同中的主要义务没有履行,合同保证金应予返还。双方签订的合同中因被告方持有的合同中没有违

---

① 《中华人民共和国合同法》第108条的规定:"当事人一方明确表示或者以自己的行为表明不履行合同义务的,对方可以在履行期限届满之前要求其承担违约责任。合同订立后,当事人不按合同的约定履行合同义务,履行义务不符合合同约定的合同应予解除。"

约金数额的约定，应以无违约金认定①。

这种适用方式既体现了我国立法实践中的国情，也考虑了中蒙边境贸易纠纷案件司法实践的需要，为中蒙边境地区法院解决边境贸易纠纷案件的法律冲突提供了必要的指导，也为中蒙边境贸易纠纷案件的法律适用标准进一步奠定了完善的基础。

三、探索涉外认证新渠道

中蒙边境口岸二连浩特市人民法院在审判实践中探索适用证据规则，努力查明案件事实的原则，一般会就境外证据向边境贸易纠纷案件当事人双方进行质证，如双方均无异议，即可采信；一方当事人有异议时，如果双方都是中国公民，所形成的证据使用的也是中国文字，则通过司法鉴定程序，对证据是否系当事人书写进行鉴定，依据鉴定结果和其他证据情况进行综合认定。这样虽然违背了我国《证据规则》第11条的规定，但却维护了实质的公平正义，合理地化解了矛盾纠纷，值得推广。况且，二连浩特市人民法院位于边境地区，在审理案件的过程中，应优先适用最高人民法院关于《进一步做好边境地区涉外民商事案件审判工作的指导意见》（法发〔2010〕57号）第5条的特别规定②。

修正不必要的公证认证程序，最高人民法院在《会议纪要》中对境外证据是否需要公证认证进行了区别对待。尽管根据该《会议纪要》及（法发〔2010〕57号）第5条的规定对证明诉讼主体资格以外的其他证据可以自主选择是否公证认证，但是法院在办理案件时，还应结合我国社会管理制度、风俗习惯和科技信息手段的特殊性进行区别对待。如涉及国家公共利益的境外证据材料绝对要求公证。在我国中蒙边境贸易纠纷案件的审判实践中，需要公证的证据应包括：涉及中蒙边境贸易纠纷双方当事人的财产状况、边境贸

---

① 内蒙古自治区阿拉善盟中级人民法院（2010）阿民三初字第1号（2013年1月15日）。

② 最高人民法院关于《进一步做好边境地区涉外民商事案件审判工作的指导意见》第5条："当事人提供境外形成的用于证明案件事实的证据时，可以自行决定是否办理相关证据的公证、认证手续。对于当事人提供的证据，不论是否办理了公证、认证手续，人民法院均应当进行质证并决定是否采信。"

易合同签名、对外从事边境贸易经营权的企业印章、边境贸易公司注册及相关税务登记等。

四、完善中蒙之间司法协助机制

在"一带一路"倡议的实施和全球经济一体化的背景下,各国经济贸易交往逐渐频繁、边境贸易纠纷日益增加,牵涉到不同国籍的人、国际资本和国际商品、国际经济贸易交往活动等元素在内的国际贸易纠纷在人们日常的生活中出现的比例越来越高,双边民商事司法协定在边境地区边境贸易纠纷的诉讼解决机制中占据着非常重要的地位。中蒙双边司法协助机制的完善,为我国法院诉讼解决中蒙边境贸易纠纷案件的法律适用、调查取证、送达提供有效的依据,为我国中蒙边境贸易纠纷的仲裁裁决与法院判决的执行提供司法协助。它对于中蒙边境贸易纠纷的及时解决,保护中蒙边境贸易纠纷当事人的合法利益,以及中蒙边境贸易纠纷诉讼解决机制的完善起着至关重要的作用。

(一)修订中蒙之间司法协助条约

笔者在二连浩特口岸和满洲口岸调研中,从宏观层面上反映较为强烈的另一个问题就是中俄蒙之间的司法协作问题。在口岸建设和发展中,中蒙边境口岸地区各类纠纷不断,特别是随着我区口岸经济建设和中蒙边境贸易的发展,各类边境贸易纠纷呈现逐年上升的趋势,这为我国边境口岸法院对中蒙边境贸易纠纷案件的审理和执行将带来极大的挑战。调研中反映较为集中的问题是中蒙边境贸易纠纷案件的审判依据和法律文书的送达问题。目前,随着国际形势的变化,中蒙两国有关边境贸易的法律和政策总在不断地调整和修订,这给中蒙边境贸易纠纷案件的审理带来了一定困难,而送达更是让中蒙边境地区口岸法院困惑的一道难题,有时不得不借助地缘和民族情感之因素向对方送达法律文书。因此,从宏观上讲这应该是在国家层面上解决的问题,建议国家在《中华人民共和国和蒙古国战略伙伴关系中长期发展纲要》的基础上,尽快与蒙古国达成司法协助双边条约,修订《中蒙两国司法协助条约》,尽快让司法审判工作能够适应中蒙边境口岸建设发展的需求。

(二)探索中蒙司法协助模式

很多好的制度在形成之初,都是通过一种非正式的方式在实践中慢慢形成的。同样,对于地方司法协助,我们仍然可以采用这种方式试行。如中俄毗邻地区,在长时间的相互交往和边境贸易中形成了很多成熟的做法,目前满洲里市公安局与后贝加尔边疆区、赤塔州内务局等地区建立了国际警务合作。具体包括相应警务机制(如电话通报机制)、会晤纪要的建立,中俄双方多元警种的合作模式,并以相关合作机制为平台,在警务合作方面取得了一定的效果[①]。我们应该在中蒙边境地区地方司法实践中积极探索这种结合中蒙边境地区地缘特色的司法协助模式,并把此类取得一定效果的边境司法协助成功经验做进一步推广,积极推动我国中蒙边境口岸地区的法院、检察院与蒙古国相应地区的法院、检察院全面合作的机制,共同推动中蒙毗邻地区司法协助的全面发展。

所以,地方司法协助协议可以先通过"民间协议"模式的方式进行[②]。"从民间中来,到民间中去",可以说是对很多习惯做法和成功经验的总结和应用,这也是我国很多法律,特别是民商事法律制定过程中都采用的有效方式。如此一来,便可以为正式建立地方司法协助奠定坚实的基础。此外,就是中蒙两国双方要有意识地,就存在的各种边境贸易纠纷积极地通过已经达成的协议加以解决,以不断加强对地方司法协助的实践。这就要求双方要本着互惠互利和互相尊重的态度对待双方的地方司法协助,从而实现对双方当事人利益的维护,即达到一种"双赢"的状态。

由于"民间协议"模式具有很大的局限性,更缺乏所需的操作性,因而有必要在中蒙两国双方基于政治互信的前提下,使双方边境毗邻地区间的地方司法协助走向制度化,即走向一种"官方协议"模式。具体来说,就是由地方政府出面,签订"地方司法协助协议",就各种问题达成一致意见,从而赋予地方司法协助更大的权威性和确定性,使地方司法协助成为一种边境地区边境贸易纠纷案件解决的一种常态机制。

[①] 高思洋:《论中俄毗邻地区刑事司法协助》,《西伯利亚研究》2014年第5期,第52页。

[②] 姜红:《论海峡两岸民商事司法协助模式的发展趋势》,《暨南学报》(哲学社会科学版)2011年第2期,第35页。

(三)制定《地方司法协助法》

中国与多个国家毗邻是不争的事实,在正常的国际交往和贸易往来当中,贸易纠纷或其他矛盾所引发的涉外案件是不可避免的。因此,边境地区的涉外案件还是具有一定的普遍性的。在众多的涉外案件当中,不是每一件都有必要通过程序烦琐的国际司法协助来解决的。如同对国际公约和不同地区法域的认可一样,在条件成熟的情况下,国内法也可以通过法律化的措施对地方司法协助进行认可。边境地区的法治状况是反映一个国家法治优劣的窗口,边境地区的法院形象也间接反映一个国家的法院系统的形象,故有必要给予高度的重视。地方司法协助一旦得到国家层面的认可和重视,必定会受促进更加完善。

通过边境地区实施地方司法协助的成功经验,慢慢扩大试点,最终再加以普遍推广。随着中国经济的不断发展以及中国与其他国家交往的日益密切,涉外案件会不断增加,许多地方法院已经建立了涉外审判庭来专门解决涉外案件,足以显示涉外案件的数量之多。为此,笔者认为不仅建立地方司法协助很有必要,而且制定《地方司法协助法》也是有必要的。只有如此,才能使中蒙边境地区的中蒙边境贸易纠纷案件的司法解决成为一种常态机制,也才能使中蒙边境地区法院的司法职能得到更好地发挥,进而为中蒙边境地区的经济发展和社会稳定提供良好的司法保障。在必要的时候,国家还可以就地方司法协助的实施细则做出相应规定,这对于中蒙边境地区的法院来说,无疑会使地方司法协助在解决具体的中蒙边境贸易纠纷案件的过程中更具有可操作性。

第三节 完善中蒙边境贸易纠纷解决机制配套制度

"一带一路"倡议的沿线国家大多数属于新兴经济体和发展中国家。蒙古国也不例外，除了在基础设施、贸易投资等领域的法律法规、税收规定与我国有很大不同外，其法律体系也不尽相同，甚至在某些方面仍处于法律法规缺失状态。在"一带一路"倡议实施过程中，各种法律冲突和边境贸易纠纷是不可避免的。妥善、公正地解决这些问题，仅靠边境贸易纠纷解决机制的创新和健全是无法达到促进相邻国家之间边境贸易健康、稳定发展的目的。现阶段的中蒙边境贸易纠纷，涉及多层次社会关系、多样化纠纷主体、多领域利益冲突，解决这些矛盾纠纷，不是一种方式、一个部门所能做到的，我们在认真解决这些边境贸易纠纷的同时，应当更加注重与中蒙两国经济社会发展密切相关的双边条约与区域合作机制、完善立法、规范贸易秩序等配套制度的完善才能满足区域内不同主体对公平与效率的需求。

一、完善边境贸易相关法律体系建设

"一带一路"倡议的实施必须建立在法治化的基础上，如此才能为"一带一路"倡议的有效实施和长期稳定发展提供有力的法律保障和司法服务。在"一带一路"倡议实施背景下，不断地完善我国边境贸易法律制度才能适应新时期、新形势毗邻各国之间的边境贸易合作，以法治手段来推动我国民族地区边境贸易的发展。

（一）加强边境贸易相关立法

对于边境贸易的法制建设问题，党的十八届四中全会明确提出，应适应我国开放型经济的快速发展，不断完善边境贸易相关的法律法规体系，促进

对外开放的步伐，国家立法机构应加强相应法律法规的建设。目前我国在外贸方面，主要有《对外贸易法》；在外资方面，主要有三大外资法，可三大外资法出台较早，许多内容已经落后于时代需要。商务部已经启动《中外合资经营企业法》《外资企业法》《中外合作经营企业法》修改工作，2015年1月形成《中华人民共和国外国投资法（草案征求意见稿）》，在其政府网站上公布，向社会征求意见；而在对外经济方面，国内国际法律都比较欠缺[1]。国家应根据客观需要，宣传、选择"一带一路"建设的急需事项优先出台相应立法。

（二）完善边境贸易相关配套性法规

根据我国《立法法》的规定，中蒙边境地区作为民族自治地方，地方政府和地方人大对于促进"一带一路"建设也具有较大的地方立法权，但是我国边境贸易相关立法权力主要集中在中央，根据我国《立法法》第8条所列明的11类"法律保留"事项，基本把国家所有的重大事项都包括在内。所以在"法律保留"的范围内，有关"一带一路"的地方立法空间非常有限。中蒙边境地区民族自治地方主要是协助中央签订有关条约，推动国家制定或完善边境贸易相应的基本立法。

不过对于我国《立法法》第8条的非"法律保留"事项，中蒙边境地区地方立法则具有较大的能动空间。

1.在与上位法不抵触的前提下，各省、直辖市、自治区人大及其常委会和相应的地方人民政府具有职权性地方立法权[2]，如对《立法法》第8条"法律保留"事项以外的其他事项，国家还没有制定法律或者行政法规的，中蒙边境民族地区可以根据本地方的具体情况和实际需要，先制定民族地区地方性法规。

2.根据全国人大的授权，可以制定地方性法规，在自由贸易试验区、经

---

[1] 石佑启，韩永红等：《"一带一路"法律保障机制研究》，北京：人民出版社，2016年，第123页。

[2] 参见《立法法》第72条："省、自治区、直辖市的人民代表大会及其常务委员会根据本行政区域的具体情况和实际需要，在不同宪法、法律、行政法规相抵触的前提下，可以制定地方性法规。"

济合作区等范围内实施①。

3.为了执行法律、行政法规、地方性法规，或者为了实施本行政区域的具体行政管理，可以根据上述法律、行政法规和相应的地方性法规，制定地方政府规章②。

所以，内蒙古自治区作为"一带一路"倡议中"中俄蒙经济走廊"建设的核心纽带，应根据客观需要，选择"一带一路"建设的急需事项优先出台相应的配套法规。一是对于《立法法》第8条以外的事项，国家尚未制定法律或者行政法规的，如中蒙两国有关民间人文交流、科技促进、华侨保护、救灾合作等。二是对于执行国家法律、行政法规的规定，需要根据我国中蒙边境民族地区的实际情况作具体规定的事项，以及属于我国中蒙边境地区的地方性事务需要地方性立法的事项，我国中蒙边境地区民族自治地方可以指定相应的地方性法规。这事实上是中蒙边境地区民族自治地方通过地方立法促进"一带一路"建设的重头戏，如对于制度创新"试验田"的中蒙跨境经济合作区而言，可以优先出台体现其特色和优势的中蒙跨境经济合作条例、中蒙边境贸易便利化促进条例、中蒙边境口岸人员进出境便利化促进条例、金融结算方式便利化办法、边境贸易税收管理与服务办法等③；对于蒙古国倡导的劳工标准、环保要求等，也可以参照有关国际公约的高标准，对本地企业及"走出去"的企业提出更高要求，避免不利于社会持久发展的低水平竞争。三是为上述法律法规的实施、执行，出台各种配套措施和实施指南，保证纸面上的法律转变为生活中的法律。如通过完善工资支付保障、劳资集体协商和环境损害监督等制度，促进绿色"一带一路"建设。

---

① 参见《立法法》第73条第二款："地方性法规可以就下列事项作出规定：属于地方性事务需要制定地方性法规的事项。"

② 参见《立法法》第73条第一款："地方性法规可以就下列事项作出规定：为执行法律、行政法规的规定，需要根据本行政区域的实际情况作具体规定的事项。"

③ 向明华：《广东加强21世纪海上丝绸之路法治建设的思考》，《岭南学刊》2016年第1期，第93页。

二、建立边境贸易企业法律风险防范机制

(一)加强中蒙边境贸易双边合作机制

近年来,中蒙两国经济发展迅速,中国成为蒙古国的最大贸易伙伴与投资国,内蒙古自治区已经成为蒙古国出口的重要合作伙伴。中蒙两国应在平等协商、互惠互利、共同发展的基础上,使中蒙两国经济合作全面发展作为双方政府间合作的重中之重,这将促进中蒙两国边境贸易领域、旅游领域,以及投资贸易领域等方面的发展与合作。中蒙边境口岸所在地政府与蒙古国区际政府根据具体情况,主动参与双边区域合作和协调机制。根据边境贸易中的实际情况与蒙古国进行贸易谈判,争取签署互认协议,为企业发展建立双边的技术磋商与调解机制,减少和消除贸易壁垒。通过磋商谈判等途径,切实保护中蒙边境贸易双方当事人的合法权益,为中蒙边境贸易纠纷解决机制的有效运行提供制度保障。

(二)提高边境贸易企业的风险防范意识

加强对边境贸易经营权的企业和市场经营户进行对外边境贸易和法律知识的宣传培训,定期制作并免费发放《市场外贸服务手册》,搭建并拓宽了解外贸机构和外商资讯信息平台,帮助建立完善外商信用信息采集和评估制度,大力宣传推行出口信用保险制度,不断增强市场经营户的风险防范和诚信守法意识。

在提高出口产品质量的前提下推行定金和现款交易,不能现款交易的也要提高预付款比例,合理利用信用保险工具规避贸易风险。要特别注意规范合同的签订和履行,要明确交易对象和法律关系,由外商注明或出具其或其所代表的企业在我国及其本国的住址和签名,是办事机构或代理机构的要在事后及时由境外企业签发授权委托书或确认书,翻译或业务员签名的要由外商或境外企业事后签名盖章确认,外商签名要与其身份证件进行核对,最好捺上指印。合同要素要齐全,最好有纠纷管辖法院的约定,依样品进行的货物贸易必须封存保留好样品。最好有结算单据,但不能销毁原有凭据。要完善送货凭据,由翻译、业务员签收的应在事后交外商或代表处代表签名确认,签收后最好有验货合格的说明材料。

（三）中蒙边境贸易合同中选择适用中国法律

根据我国《合同法》规定，中蒙边境贸易合同双方当事人在签订中蒙边境贸易合同时可以通过合意、平等、协商决定适用哪一国的法律来规范边境贸易合同双方当事人的权利与义务关系。因为我国与蒙古国在边境贸易政策法律方面存在较大的差异，中蒙边境贸易合同发生后适用中国法律，有利于我国边境贸易小微企业合法权益的保护和减少我方边境贸易纠纷当事人纠纷解决成本。在中蒙边境贸易合同中适用不同国家的法律，同一份边境贸易合同纠纷解决所产生的法律效果会完全不同。中蒙边境贸易合同双方当事人签订合同时，在平等、谈判、协商的基础上，选择适用中国法律。一般情况下，中蒙边境贸易合同双方当事人都愿意选择对自己有利，而且自己比较熟悉的本国法律。签订中蒙边境贸易合同时，这一点不能忽视，否则合同双方当事人一旦发生纠纷，我国参与边境贸易主体的边民和小微企业合法权利受到损害时，只能依照对方熟悉而我方不了解的法律作为依据解决纠纷。这无疑会使我国边境贸易参与企业陷于被动地位，所以在中蒙边境贸易合同中适用中国法律，在边境贸易纠纷的解决方式上，最好选择由本国人民法院管辖。

三、完善中蒙边境贸易纠纷司法服务保障机制

（一）建立中蒙边境审判服务机制

1. 建立中蒙边境口岸巡回法庭

为了更好地促进中蒙边境贸易良好有序的发展，借鉴一些先进、沿海地区的成功经验，可以在中蒙边境口岸地区和中蒙跨境经济合作区以"快立快审快执行"作为基本原则，通过在边境口岸和经济合作区设立中蒙边境巡回法庭，侧重调解为主，并且针对边境小额贸易纠纷免收案件受理费等，鼓励边民到中蒙边境巡回法庭解决纠纷。中蒙边境巡回法庭在案件受理范围上，主要围绕在边民互市贸易市场和跨境经济合作区经营活动中发生的强买强卖、出售伪劣产品、边境旅游服务贸易中发生的纠纷，等等。另外，为了方便域外边境贸易主体的诉讼便利，可以在各个边境口岸、出入境办事大厅设

立中蒙边境巡回法庭联络站。这些联络站的设立，可以方便当事人随时进行诉讼，也可以切实保障边境贸易当事人的合法权益。

建立中蒙边境巡回法庭的地点一般可以在边境贸易集中的边民互市贸易市场和跨境经济合作区内，可以减少边境贸易当事人在程序选择上的顾虑。工作方式可以选择公布巡回办案值班电话的方式，法官直接到达中蒙边境贸易纠纷发生地进行实地调查，形成一种"110"式边境小额贸易纠纷审判新模式。

应进一步发挥中蒙联合调解中心在中蒙边境贸易纠纷案件调解方面的积极作用，积极构建诉讼与非诉讼相衔接的审判互动调解机制，努力减少中蒙边境贸易纠纷，树立我国法院、法官以及我国社会主义法治的良好国际形象。

2.加强边境地区法院与边境贸易行政部门的沟通联系

中蒙边境地区法院与边境贸易行政部门通过共同举办边境贸易业务培训班、专题座谈会、研讨会等多种形式，加强边境贸易纠纷解决的业务研究与培训，增加对相互领域边境贸易知识的了解，提高办案与执行协作水平。建立情况通报制度，及时研究边境贸易纠纷处理中存在的问题，制定解决问题的措施，建立健全信息共享，沟通便捷、相互支持的行政保护与司法保护工作机制。另外，加强与政府外事部门的沟通和联系，并通过政府外事部门加强与涉案外籍被告人国籍国联系，正确及时履行通知通报义务，坚持公开审判制度，扩大司法透明度。

（二）建立中蒙边境司法事务协调机制

1.在中蒙边境口岸设立领事办事机构

根据1990年《中华人民共和国和蒙古人民共和国关于民事和刑事司法协助的条约》规定，中蒙司法协助的联系途径是通过中华人民共和国司法部和中华人民共和国最高人民检察院以及蒙古国司法部和蒙古国总检察院。而提交司法文书材料和申请书等相关译本必须要层层报到中央，再由中央审查，时间长，成本大。为此，笔者建议通过中蒙两国双边合作，在中蒙边境口岸地区设立领事办事机构，这可以起到特殊的作用，即重大涉外案件的审判执行中的问题还需要通过国家层面来解决。对于涉蒙古国边境贸易纠纷等案件通过领事办事机构与国家司法部和最高人民检察院进行协调，履行必要的手续。这样既尊重了国家主权原则，也采取了灵活的方法，而且照顾到了中蒙边境口岸特殊的优势。对于审理中蒙边境贸易纠纷案件的中蒙边境地区法院来说，可以节约司法资源，也为中蒙边境贸易纠纷案件的判决执行增加一份保障。

2. 设立中蒙边境贸易纠纷司法事务联络人

在中蒙边境地区的自治区高级人民法院涉外审判业务庭确定一名具体负责中蒙边境贸易司法互助业务的联络人，对中蒙边境贸易纠纷有管辖权的各中级人民法院及基层人民法院均确定本院一名审判人员作为中蒙边境贸易司法互助业务的联络人，对中蒙边境贸易司法事务实行专人专管，要求司法事务联络人加强与本辖区政府外事办公室、口岸办公室、公安机关、检察院、司法行政机关以及蒙古国商会联系，建立长效沟通机制，以利于中蒙边境贸易纠纷的解决及其他司法实务的处理。

（三）建立中蒙边境贸易司法实务专业交流机制

1. 加强中蒙边境贸易司法实务学术研讨

对于中蒙边境贸易纠纷案件，中蒙边境地区的自治区高级人民法院应全面加强审判监督和调研指导，组织中蒙边境口岸从事中蒙边境贸易司法实务的中蒙两国各级法院、司法部门、行政部门、律师、学者、法律专家定期举办中蒙两国司法实务研讨会，加强中蒙边境贸易相关法律法规等专业知识的学习，互相交流司法实务进行调查研究，形成调研报告，为将来的中蒙两国司法协助双边条约或中蒙边境贸易纠纷司法实务互助提供政策咨询报告。另外，要高度关注中蒙边境口岸地区基层法院在审理边境贸易纠纷案件过程中出现的新情况、新问题，适时提出规范中蒙边境贸易纠纷案件审理的指导性意见，确保本辖区内审结的所有案件符合司法统一的要求。建议自治区高级人民法院加强对边境口岸法庭的业务指导，不定期对审理涉外案件的法官进行涉外法律知识培训，开展审理、执行等方面的工作经验交流。建议中级人民法院对二审发现一审中带有普遍性的问题，科学合理地制定符合边境地区特点的指导性意见，形成统一规范的审理流程和实务操作。切实保障中蒙边境贸易纠纷案件审判工作的良性发展。

2.加强中蒙边境贸易纠纷审判业务培训

中蒙边境贸易纠纷案件大多属于涉外案件,此类案件的诉讼程序和法律适用均有特殊要求,不仅要求边境地区审判人员熟悉掌握相关的蒙古国法律、国际条约和国际惯例,还精通国内边境贸易相关法律。为此,我国边境地区人民法院的审判人员要在全面加强自身业务素质的基础上,有计划地派遣审理边境贸易案件的法官到蒙古国进行考察学习,开展边境口岸地区法院审判人员集中学习或进行短期培训,了解蒙古国主要的法律和司法环境,以及其他边境地区(如中缅,中越和中俄等)审理边境贸易纠纷案件的经验作法,尽快培养一支精通国内外法律、高效胜任边境贸易纠纷案件审理的法官队伍。

(四)加强中蒙边境地区法律人才培养机制

近年来随着"一带一路"倡议的实施,推动了中蒙边境地区的经济发展和边境贸易的快速发展,中蒙边境地区在"一带一路"倡议中发挥自身的区域优势,想要得到更进一步的发展就要为中蒙两国的经济贸易发展提供健康有序的法律保障。所以,中蒙边境地区作为中蒙两国对外开放的"窗口",需要为中蒙两国边境贸易合作和国际文化交流提供法律保障的职责。中蒙两国之间的边境贸易往来前景广阔,需要更多精通中蒙两国语言、法律和国际贸易、边境贸易相关知识的法律人才。这是我国中蒙边境民族地区法律人才培养的现实需求,也是充分发挥内蒙古北部边疆地区的区位优势和地缘文化优势,为中蒙边境贸易纠纷解决机制的有效运行提供法律人才。

鉴于我国中蒙边境民族地区法律人才队伍建设的现状,根据最高人民法院《关于人民法院为"一带一路"建设提供司法服务和保障的若干意见》加强我国中蒙边境地区法律人才的培养。

1.对中蒙边境地区现有的法律人才队伍,通过国际合作交流和相关边境贸易法律知识的专题培训,在短期内培养一批熟悉中蒙边境贸易相关国际条约、国际惯例、精通中蒙两国法律制度,并具有丰富的边境贸易纠纷解决实务经验的专家型法律人才。

2.对中蒙边境地区民族院校少数民族法律人才的培养目标(要)提出新的要求。中蒙边境民族地区高等院校相应调整法律专业人才培养方向,通过与蒙古国有关高校合作办学，提高学生语言和法律应用能力。建议与蒙古国高校建立合作办学关系。通过合作办学，使学生了解蒙古国发展现状，让学生学习和掌握蒙古国的语言和法律，为中蒙边境贸易提供法律服务奠定扎实基础。为中蒙边境贸易发展提供法律服务和中蒙边境民族地区的发展提供人才支撑。

3.积极推行国家对边境民族地区的科技教育对口支援计划，通过人才交流、人才激励等机制为中蒙边境地区培养高层次人才或引进具有国际法理论知识和中蒙贸易司法领域有影响力的专家型法律人才。

本章为本著作的结论部分，对中蒙边境贸易纠纷解决机制的健全和完善提出了具体建议，如磋商启动中蒙联合调解机制、追加调解主体加强联合调解机制、建立与基层组织的联动调解机制、建立跨国纠纷异地调解机制和建立中蒙边境贸易纠纷临时仲裁机构等非诉讼解决机制创新思路，并且提出中蒙边境贸易纠纷案件确立认定标准、统一法律适用标准、修订司法协助条约等完善中蒙边境贸易纠纷诉讼解决机制的建议。从"一带一路"倡议下健全中蒙边境贸易纠纷解决机制提供配套制度保障的角度提出推进民族法治建设，如中央和内蒙古自治区根据《立法法》规定尽快出台中蒙两国经济贸易合作、投资便利化、进出境便利化等法律法规和坚持以法治思维和法治方式处理边境跨界民族问题等。同时中蒙两国相关政府部门积极合作、尽快完善边境贸易管理制度和中蒙边境贸易纠纷解决配套制度，促进中蒙边境贸易纠纷解决机制的完善进程。只有这样才能够在"一带一路"倡议中发挥内蒙古自治区的区域优势，为内蒙古边境贸易发展、边境口岸地区的社会和谐稳定作出有力的法律保障。

结　语

"一带一路"在面临众多跨国界、跨领域的合作问题时，需要消除或缓解合作各方在利益、认知和规范等方面的不确定性，尤其需要相应纠纷解决法律制度的引领、推动和保障。我国与蒙古国的政治经济制度、法律意识形态以及法治发展程度等方面的不同，都可能导致中蒙边境贸易参与主体对中蒙边境贸易纠纷解决机制的认知不同。因此，在现有的中蒙两国边境贸易合作法律渊源下，加强双边边境贸易合作，推动签署合作备忘录与合作规划，建立完善双边联合纠纷解决机制，对中蒙边境贸易的发展和我国边境民族地区的和谐稳定发展具有重要的意义。

本书通过选取中蒙边境地区枢纽地带的内蒙古自治区为实证调研的对象，在对中蒙边境地区口岸所在地进行实地调研的基础上，逐一分析了中蒙边境贸易纠纷产生的政治、法律和经济原因，并结合中蒙边境贸易纠纷特有的跨界民族性、跨地域性的特点与相关典型案例和问卷调查的数据，提出了目前中蒙边境贸易纠纷非诉讼解决机制（协商、调解和仲裁）和诉讼解决机制存在的具体问题。试图强调内蒙古自治区，除去一般的民族地区的功能，还包含了特有的边疆防御职能、对中蒙边境贸易发展经济枢纽、军事要塞、民族文化交流窗口等功能。响应"一带一路"倡议，充分发挥内蒙古北部边疆地区的区位优势和地缘优势，需要以全面发展的眼光来健全中蒙边境贸易纠纷解决机制，才能满足中蒙两国不同区域内不同主体对公平与效率的需求。

笔者作为边境民族地区的少数民族学者，结合中蒙边境民族地区的发展和中蒙两国国情，多次深入中蒙边境13个口岸所在地政府口岸办公室、国际贸易促进会、工商局、海关、边检站、司法局、商务局、地方支柱企业和人民法院采取专题座谈与实地考察的方式，对中蒙边境贸易纠纷的特点和产生原因进行深入细致的了解，真正体会到了中蒙边境民族地区边境贸易纠纷解决对两国跨界民族之间经济贸易合作和文化交流的重要性与维护边疆地区民族团结、社会稳定的意义。所以本书以法社会学的视角，积极探索中蒙边境贸易纠纷解决实践中的成功经验和现实案例存在的经验法则与理论依据，针对中蒙边境贸易纠纷现行解决机制存在的调解协议不具有执行力、临时仲裁机构的缺失、跨国调查取证难、执行难等问题，提出在"一带一路"倡议实施过程中适应中国发展现状的中蒙边境贸易纠纷解决机制的完善措施，如对中蒙边境贸易纠纷调解解决机制进行创新、磋商启动中蒙两国联合调解机制、加强区际联合调解、建立跨界纠纷异地调解机制等被外界称之为"东方经验"的进一步推广和创新。并根据《纽约公约》设立中蒙边境贸易纠纷临时仲裁机构，完善我国中蒙边境贸易纠纷仲裁解决机制。同时在中蒙边境贸易纠纷诉讼解决过程中确立中蒙边境贸易纠纷案件性质的认定标准、依法行使司法管辖权、修订中蒙两国司法协助条约等措施。针对中蒙边境贸易纠纷诉讼解决机制的完善，提出了能动解决中蒙两国边境贸易法律冲突、拓展两国区际司法协助内容等建议和措施。最后，从"一带一路"倡议下健全中蒙边境贸易纠纷解决机制提供配套制度保障的角度，提出推进边境贸易相关法律体系建设，如中央和内蒙古自治区根据《立法法》规定尽快出台中蒙两国经济贸易合作、投资便利化、进出境便利化等法律法规的制定和坚持以法治思维和法治方式处理边境民族问题等。同时中蒙两国相关政府部门积极合作、尽快完善边境贸易管理制度和中蒙边境贸易纠纷解决司法服务保障机制等配套制度，促进中蒙边境贸易纠纷解决机制的完善进程，为中蒙两国跨界民族之间的经济贸易合作与文化交流及边疆地区民族团结、社会稳定提供有力的法律保障。

中蒙边境贸易纠纷解决机制是参与"一带一路"合作的国家之间边境贸易纠纷解决机制的重要组成部分，是参与"一带一路"合作的国家边境贸易纠纷解决困境的一种有效回应，不仅能够为中蒙两国跨界民族之间的经济贸易合作与文化交流奠定一定基础，同时还顺应习近平总书记提出的"一带一路"倡议,对于促进中蒙两国及其他沿线国家边境贸易的发展和合作交流,参与"一带一路"合作的国家之间边境贸易纠纷解决机制的构建具有深远的指导意义。

参考文献

一、著作

1. [法]埃米尔·涂尔干著:《社会分工伦》,渠东译,北京:生活.读书.新知三联书店,2013年。
2. 巴盖尔:《二十一世纪初蒙中关系探析》,长春:吉林大学出版社,2014年。
3. 毕奥南:《中蒙国家关系历史》(1949—2009)下卷,哈尔滨:黑龙江教育出版社,2013年。
4. 戴双喜:《游牧者的财产法——蒙古族苏鲁克民事习惯研究》,北京:中央民族大学出版社,2009年。
5. 范愉、李浩:《纠纷解决——理论、制度与技能》,北京:清华大学出版社,2010年。
6. 范愉:《多元化纠纷解决机制》,厦门:厦门大学出版社,2005年。
7. 范愉:《纠纷解决的理论与实践》,北京:清华大学出版社,2007年。
8. 范愉等:《多元化纠纷解决机制与和谐社会的构建》,北京:经济科学出版社,2011年。
9. 费孝通:《中华民族多元一体格局》,北京:中央民族大学出版社,1999年。
10. 费宗祎、唐承元:《中国司法协助的理论与实践》,北京:人民法院出版社,1992年。
11. 高兰英:《中国–东盟民商事司法协助问题研究》,北京:中国政法大学出版社，2016年。

12. 高其才：《多元司法：中国社会的纠纷解决方式及其变革》，北京：法律出版社，2009年。

13. [日]谷口安平：《程序的正义与诉讼》，王亚新、刘荣军译，北京：中国政法大学出版社，2002年。

14. 国浩律师事务所编著：《推进"一带一路"建设的法治思维与法律服务》，北京：法律出版社，2016年。

15. 胡兴东：《西南民族地区纠纷解决机制研究》，北京：社会科学文献出版社，2013年。

16. 黄健英：《一带一路沿线国家经济》（丛书）蒙古国经济，北京：中国经济出版社，2016年。

17. 金炳镐：《跨界民族与民族问题》，北京：中央民族大学出版社，2010年。

18. 李浩培：《条约法概论》，北京：法律出版社，2003年。

19. 李剑：《凉山彝族纠纷解决方式研究》，北京：民族出版社，2011年。

20. 李俊清：《中国民族自治地方公共管理导论》，北京：北京大学出版社，2008年。

21. 李双元、欧福永：《国际私法》，北京：北京大学出版社，2015年。

22. 李旺：《国际民事诉讼法》，北京：清华大学出版社，2003年。

23. 刘力：《中国涉外民事诉讼立法研究》，北京：政法大学出版社，2016年。

24. [法]卢梭著：《社会契约论》，何兆武译，北京：商务印书馆，2013年。

25. [美]罗伯特·埃利克森著：《无需法律的秩序——邻人如何解决纠纷》，苏力译，北京：中国政法大学出版社，2003年。

26. 罗晓印：《中蒙经贸关系的可持续发展研究》，延边：延边大学出版社，2012年。

27. [美]麦圭尔、陈子豪、吴瑞卿：《和为贵：美国调解与替代诉讼纠纷解决方案》，北京：法律出版社，2011年。

28. [澳]娜嘉·亚历山大著:《全球调解趋势》(第2版),王福华等译,北京:中国法制出版社,2011年。
29. 内蒙古自治区发展研究中心、内蒙古自治区经济信息中心著:《中蒙俄经济走廊建设重点问题研究》,北京:人民出版社,2016年。
30. [日]棚濑孝雄著:《纠纷的解决与审判制度》,王亚新译,北京:中国政法大学出版社,2004年。
31. 齐树洁主编:《纠纷解决与和谐社会》,厦门大学出版社,2010年。
32. 沈娟:《国际私法》,北京:社会科学文献出版社,2006年。
33. 石佑启、韩永红等:《"一带一路"法律保障机制研究》,北京:人民出版社,2016年。
34. 苏力:《法治及其本土资源》,北京:中国政法大学出版社,1996年。
35. 苏力:《送法下乡——中国基层司法制度研究》,北京:北京大学出版社,2010年。
36. 王孝松:《中国对外贸易环境与贸易摩擦研究报告》,北京:中国人民大学出版社,2014年。
37. 吴楚克:《中国边疆政治学》,北京:中央民族大学出版社,2005年。
38. [英]西蒙·罗伯茨、[英]彭文浩著:《纠纷解决过程》,刘哲玮、李佳佳、于春露译,北京:北京大学出版社,2011年。
39. [日]小岛武司、[日]伊藤真著:《诉讼外纠纷解决法》,丁婕译,北京:中国政法大学出版社,2005年。
40. 肖永平:《国际私法原理》,北京:法律出版社,2007年。
41. 熊文钊:《民族法制体系的建构》,北京:中央民族大学出版社,2012年。
42. 熊文钊:《中国民族法制60年》,北京:中央民族大学出版社,2010年。
43. 徐宏:《国际民事司法协助(第二版)》,武汉大学出版社,2006年。
44. 徐昕:《论私力救济》,北京:中国政法大学出版社,2005年。
45. 徐昕:《迈向社会和谐的纠纷解决》,北京:中国检察出版社,2008年。

46. 许海清、杨文兰等著:《内蒙古自治区对外经济贸易发展报告（2013）》，北京：经济管理出版社，2014年。

47. 杨强:《蒙古族法律传统与近代转型》，北京：中国政法大学出版社，2013年。

48. 尹力:《国际商事调解法律问题研究》，武汉：武汉大学出版社，2007年。

49. 于飞:《涉台民商事纠纷多元化解决机制建构研究》，北京：中国政法大学出版社，2013年。

50. 余劲松:《国际投资法》（第四版），北京：法律出版社，2014年。

51. 张邦铺:《凉山地区多元化纠纷解决机制研究——以彝族为例》，北京：中国政法大学出版社，2013年。

52. 张生:《国际投资仲裁中的条约解释研究》，北京：法律出版社，2016年。

53. 赵俊、陈校:《一带一路战略与区域司法保障》，北京：法律出版社，2016年。

54. 赵相林、宣增益:《国际民事诉讼与国际商事仲裁》，北京：中国政法大学出版社，1994年。

55. 赵旭东:《纠纷与纠纷解决原论——从成因到理念的深度分析》，北京：北京大学出版社，2009年。

56. 赵旭东:《权力与公正——乡土社会的纠纷解决与权威多元》，天津：天津古籍出版社，2003年。

57. 郑世保:《在线纠纷解决机制（ODR）研究》，北京：法律出版社，2012年。

58. 周平:《中国边疆治理研究》，北京：经济科学出版社，2011年。

59. 朱伟东:《非洲涉外民商事纠纷的多元化解决机制研究》，湘潭：湘潭大学出版社，2013年。

60. 宗那生:《蒙古国法典选编》（第二辑），呼和浩特：内蒙古大学出版社，2009年。

61. [美]斯蒂芬·B.戈尔德堡等:《纠纷解决:谈判调解和其他机制》,刘晶晶等译,北京:中国政法大学出版社,2004年。
62. 石佑启、韩永红、向明华等:《"一带一路"法律保障机制研究》,北京:人民出版社,2016年。
63. 江苏省南通市司法局、上海对外经贸大学组织编著:《"一带一路"国家法律服务和法律风险指引手册》,北京:知识产权出版社,2016年。
64. 《一带一路沿线国家法律风险防范指引》系列丛书编委会编:《一带一路沿线国家法律风险防范指引》(蒙古国),北京:经济科学出版社,2016年。

二、期刊论文

1. 包运成:《"一带一路"建设的法律思考》,《贵州师范大学学报》,2015年第1期。
2. 曹亚斌:《全球治理视域下的当代中国边疆治理研究:一项研究框架》,《世界经济与政治论坛》,2015年第3期。
3. 曹媛媛:《跨界民族治理对建设桥头堡的积极作用》,《安阳工学院学报》,2014年第1期。
4. 曾朝晖:《〈关于依据国际公约和双边司法协助条约办理民商事案件司法文书送达和调查取证司法协助请求的规定〉的理解与适用》,《人民司法(应用)》,2013年第13期。
5. 丁美玲:《临时仲裁在中国构建的可行性》,《法制博览》,2016年1月(中)。
6. 丁鹏:《西部大开发中内蒙古自治区边境贸易的立法完善》,《前沿》,2006年第8期。
7. 范愉:《以多元化纠纷解决机制 保证社会的可持续发展》,《法律适用》,2005年第2期。
8. 丰华:《中蒙经贸发展的现状分析及对策研究》,《内蒙古科技与经济》，2015年第24期。

9. 高思洋：《论中俄毗邻地区刑事司法协助》，《西伯利亚研究》，2014年第5期，

10. 格日乐塔娜：《浅谈蒙古族传统文化的法治价值》，《法制博览》，2015年第8期。

11. 哈斯巴特尔：《内蒙古对蒙陆路口岸发展中存在的问题及对策》，《北方经济》，2014年第9期。

12. 何兵：《法院应掌握纠纷的最终解决权》，《中国司法》，2005年第1期。

13. 红梅：《二连浩特跨境电子商务现状的调查与分析》，《北方金融》，2016年第7期。

14. 黄炎：《"一带一路"战略背景下中国自贸区仲裁纠纷解决机制创新研究》，《河北科技大学学报》（社会科学版），2016年第2期。

15. 胡兴东：《西南民族地区多元纠纷解决机制的构建》，《云南社会科学》，2007年第4期。

16. 李柏文：《从系统论看当代中国和谐社会的构建》，《学术论坛》，2007年第2期。

17. 李俊清：《边疆民族地区公共安全治理体系与能力现代化》，《中国行政管理》，2014年第11期。

18. 李俊清：《中国的跨界民族与边疆公共事务治理》，《公共管理学报》，2015年第1期。

19. 李琦：《冲突解决的理想性状和目标——对司法正义的一种理解》，《法律科学》，《西北政法学院学报》，2005年第1期。

20. 栗献忠：《跨境民族问题与边疆安全刍议》，《学术论坛》，2009年第3期。

21. 龙飞：《中国在线纠纷解决机制的发展现状及未来前景》，《法律适用》，2016年第5期。

22. 刘斯琴高娃：《蒙古族民俗文化与"中俄蒙经济走廊"建设的关系》，《内蒙古民族大学学报》（社会科学版），2017年第1期。

23. 陆省裕:《中国与俄罗斯等8个周边国家司法协助问题》,《新疆大学学报》(哲学社会科学版),1997年第3期。

24. 姜红:《论海峡两岸民商事司法协助模式的发展趋势》,《暨南学报》(哲学社会科学版),2011年第2期。

25. 蒋圣力:《论"一带一路"战略背景下的国际贸易争端解决机制的建立》,《云南大学学报》(法学版),2016年第1期。

26. 马立国:《蒙古国在中国地缘安全战略中的地位》,《广播电视大学学报》(哲学社会科学版),2013年第4期。

27. 马曼丽、艾买提:《关于边疆跨国民族地缘冲突的动因与和平跨居条件的思索》,《中国边疆史地研究》,2003年第2期。

28. 娜琳:《金融危机以来蒙古国经济及中蒙经贸合作》,《东北亚论坛》,2010年第5期。

29. 萨其荣桂:《蒙古族聚居地区纠纷解决机制的实证研究》,《甘肃政法学院学报》,2006年第3期。

30. 宋才发:《民族自治地方对外贸易自治权再探讨》,《内蒙古财经学院学报》,2007年第1期。

31. 宋振玲:《社会转型时期多元化纠纷解决机制的构建》,《沈阳建筑大学学报》(社会科学版),2007年第2期。

32. 图门其其格、王悦歆:《中国与蒙古国口岸发展现状及存在的问题》,《内蒙古社会科学》(汉文版),2015年第1期。

33. 王同文:《内蒙古自治区口岸发展现状及思路》,《北方经济》,2015年第5期。

34. 王亚明:《多元纠纷解决机制的法文化探源》,《理论与现代化》,2006年第6期。

35. 王振清:《多元化纠纷解决机制与纠纷解决资源》,《法律适用》,2005年第2期。

36. 吴楚克、赵泽琳:《中蒙边境口岸贸易现状研究——以策克口岸煤炭贸易为例》,《文山学院学报》,2013年1期。

37. 吴楚克:《蒙古国在东亚稳定中的地位》,《广西民族学院学报》,

2004年第3期。

38. 吴大华、黄孝慧:《"一带一路"战略下的民族法治建设》,《中华文化论坛》, 2015年第11期。

39. 吴靖宇:《关于完善我国边境贸易争端解决机制的思考》,《怀化学院学报》, 2009年第1期。

40. 吴靓:《关于完善我国边境贸易争端解决机制的思考》,《怀化学院学报》, 2009年第1期。

41. 吴英姿:《"大调解"的功能及限度——纠纷解决的制度供给与社会自治》,《中外法学》2008年第2期。

42. 夏安凌、魏力苏:《中国学术界近20年关于蒙古国问题研究综述》,《现代国际关系》, 2013年第4期。

43. 向明华:《广东加强21世纪海上丝绸之路法治建设的思考》,《岭南学刊》2016年第1期。

44. 肖扬:《充分发挥司法调解在构建社会主义和谐社会中的积极作用》,《人民司法》, 2006年第10期。

45. 辛凤娟:《促进口岸经济 构建和谐社会》,《思想工作》, 2006年第10期。

46. 徐昕:《迈向社会和谐的纠纷解决》,《司法》, 2006年。

47. 徐昕:《私力救济的性质》,《河北法学》, 2007年第7期。

48. 张时空、吴晓丹:《完善边境贸易纠纷解决机制的法律思考——以内蒙古自治区为例》,《黑龙江民族丛刊》, 2013年第1期。

49. 张卫平:《我国替代性纠纷解决机制的重构》,《法律适用》, 2005年第2期。

50. 张文显:《构建社会主义和谐社会的法律机制》,《中国法学》, 2006年第1期。

51. 郑振远:《完善多元化纠纷解决机制的法律思考》,《北京政法职业学院学报》, 2015年第1期。

52. 王贵国:《"一带一路"战略争端解决机制》,《中国法律评论》, 2016年第2期。

53. 曾朝晖：《〈关于依据国际公约和双边司法协助条约办理民商事案件司法文书送达和调查取证司法协助请求的规定〉的理解与适用》，《人民司法》（应用），2013年第13期。

54. 朱伟东：《中国与"一带一路"国家间民商事争议解决机制的完善》，《求索》，2016年第12期。

55. 杨晓燕：《从历史观的差异考察中蒙关系中的文化冲突》，《内蒙古农业大学学报》（社会科学版），2009年第4期。

56. 朱最新：《社会转型中的行政调解制度》，《行政法学研究》，2006年第2期。

三、报纸

1. 李俊清：《开启伟大时代的巨人——邓小平与中国的改革开放》，《中国民族报》，2014年8月22日，第8版。

2. 刘敬东：《"一带一路"战略的法治化构想》，《经济参考报》，2015年4月28日。

3. 龙飞：《蒙古国的司法改革：措施与评价》，《人民法院报》，2010年12月03日。

4. 郝时远：《文化多样性与"一带一路"》，《光明日报》，2015年5月28日，第11版。

5. 申蕾：《构建公正高效的争端解决机制为"一带一路"营造良好法治环境》，《人民法院报》，2016年10月12日，第1版。

6. 《中国贸促会商事法律服务中心：倡导成立联合调解中心铸就商事法律服务品牌》，《中国贸易报》，2015年10月15日，第5版。

7. 《中蒙磋商启动联合调解机制》，《中国贸易报》，2016年7月28日，第2版。

四、学位论文：

1. 巴特嘉尔格勒：《国际法与国内法的关系及国际条约在蒙古国内法中的应用》，硕士学位论文，吉林大学，2007年。
2. 常亮：《民族地区纠纷司法解决机制研究》，博士学位论文，中央民族大学，2013年。
3. 达格苏仁：《21世纪初中蒙关系研究》，博士学位论文，吉林大学，2014年。
4. 郭洪彦：《外国法院判决承认与执行研究——以我国立法与实践为视角》，硕士学位论文，中国海洋大学，2011年。
5. 黄骅：《国际民事司法协助制度研究》，硕士学位论文，华东政法大学，2013年。
6. 侯日伟：《"一带一路"倡议下中俄经济外交研究》，硕士学位论文，外交学院，2017年。
7. 刘桂琴：《内蒙古地区民商事纠纷与解决研究——以蒙古族聚居和蒙汉杂居的地域为视角》，博士学位论文，北京师范大学，2010年。
8. 马立国：《21世纪初中蒙关系研究》，博士学位论文，吉林大学，2014年。
9. 王炜：《蒙古国民事诉讼变革研究》，博士学位论文，政法大学法学院，2011年。
10. 萨其荣桂：《制度变迁中的国家与行动者》，博士学位论文，中国人民大学，2010年。
11. 萨其如呼：《内蒙古自治区蒙古族跨境民族问题研究》，硕士学位论文，西北民族大学，2014年。
12. 孙志香：《内蒙古的跨界民族问题与我国的地缘政治安全》，硕士学位论文，中央民族大学，2011年。
13. 王忠海：《内蒙古自治区对蒙古国边境贸易发展探讨》，硕士学位论文，内蒙古大学，2007年。
14. 扎米彦苏荣：《中蒙两国民事执行机关设置比较研究》，硕士学位论文，内蒙古大学，2014年。
15. 张思杨:《ODR研究——以我国B2C环境下的电子商务纠纷解决为视角》，硕士学位论文，甘肃政法学院，2015年。
16. 潘峰:《中俄边境贸易争端解决机制研究》，硕士学位论文，哈尔滨工程大学，2008年。
17. 张利俊:《边境贸易法律保障研究——以内蒙古自治区为例》，博士学位论文，中央民族大学，2012年。
18. 张文香:《蒙古族习惯法与多元纠纷解决机制——基于鄂尔多斯地区的考察》，博士学位论文，中央民族大学，2011年。

五、外文文献

1. Монголулсынндсэнхууль1992он（《蒙古国宪法》，1992年）
2. Монголулсыниргэнийхууль2002он（《蒙古国民法》，2002年）
3. МонголулсынИХШХШХхууль2002он（《蒙古国民事诉讼法》，2002年）
4. Монголулсыншхийнтхууль2002он（《蒙古国法院组织法》，2002年）
5. Монголулсынхдлмрийнхууль2015он（《蒙古国劳动法》，2015年）
6. Монголулсынпрокурорынхууль2002он（《蒙古国检察院组织法》，2002年）
7. Монголулсынзахиргааныхянаншийдвэрлэххууль2002он（《蒙古国行政诉讼法》，2002年）
8. Монголулсынарбитрынтухайхууль2017он（《蒙古国仲裁法》，2017年）
9. Монголулсыншхийнхяаншийдвэргіцэдгээхтухайхууль2017он（《蒙古国法院判决执行法》，2017年）
10. МонголулсынДээдшхийн2003.7.24-ны263-ртогтол"иргэнийхэрэгшхэдхянаншийдвэрлэхтухаймонголулсынхуулийнзаримзйлзаалтыгтайлбарлахтухай"（蒙古国最高法院2003年7月24日颁发的263号规定"关于民事诉讼法蒙古国法律若干条款的解释"）

11. "ИргэнтандшхэдхандаххэрэгцээбайнаууТэгвэл"хуульзйнндсэнийтУлаанбаатархот2007он（《公民适用法律手册》蒙古国民族法律研究中心编制，乌兰巴托市2007年）

12. ТМнхжаргал"ИргэнийхэрэгшхэдхянаншийдвэрлэхэрхзйЕрнхийанги"2004онУБ（特·孟克吉日嘎拉《民事诉讼法总论》2004年乌兰巴托市）

13. ИргэнийхэрэгшхэдхянаншийдвэрлэххуулийндэлгэрэнгйтайлбарМонголулсындээдшх2008онУБ（《民事诉讼法解释》蒙古国最高法院编制，2008年乌兰巴托市）

14. АЛхагваа"Монголулсыншхийншийдвэргйцэтгэхэрхзй"2004онУБ（阿·拉哈巴《蒙古国执行法院判决法》2004年乌兰巴托市）

15. ДБаярсайхан"Эрхзйнонол"2000онУБ（德·巴雅尔赛罕《法理学》2000年乌兰巴托市）

16. "Иргэнийхэрэгшхэдхянаншийдвэрлэххуулийнхэргжилтонолпрактик"Хуульзйнндснийтвнаруулав2005онУБ（《民事诉讼法实施的理论和实践》蒙古国民族法律研究中心，2005年乌兰巴托市）

17. А.Золжаргал：Монголын үндэсний Арбитрын шийдвэрлэрлэсэн хэргийн эмхтгэл（2006-2011）2012он，221.（2006—2011年蒙古国仲裁裁决案件的统计）

18. Stephen B.Goldberg，Frank E.A.Sander：Dispute Resolution：Negotiation，Mediation，and Other Processes，2001.

19. Simon Roberts，Michael Palmer：Dispute Processes：ADR and the Primary Forms of Decision_Making，2005.

20. James E.McGuire：Building a Common Language：Mediation&ADR in the US，2011.

附 录

附录一：边境贸易纠纷解决机制选择问题调查问卷

您好！十分感谢您在百忙之中抽出时间来填写这份问卷。为了能切实地了解中蒙边境地区群众的想法，听取中蒙边境地区群众的意见，围绕着"边境贸易纠纷解决选择"的主题，开展此次问卷调查，请您根据实际情况如实地选择。再次致谢。并祝您身体健康，万事如意！ 特别提示：

本次问卷没有对错，在选择认为是多个，也同样选择多个。本次调研获取的数据仅用于科研，再次谢谢您的支持！

1.您的国籍是：□ 中国 　□ 蒙古国

2.您的性别是：□ 女 　□ 男

3.您的年龄是：□ 30—40岁 　□ 40—50岁 　□ 50—60岁 　□ 60岁以上

4.您的学历是：□ 小学及以下 　□ 中学 　□ 高中 　□ 大学及以上

5.您从事边境贸易相关工作吗？ 　□ 是 　□ 不是

6.您居住在中蒙边境地区或中蒙口岸所在地乡、镇、市吗？
　□ 是 　□ 不是

7.您与他人发生贸易纠纷后首先想到的是：
　□ 算了，忍一忍 　□ 跟对方协商解决 　□ 找双方共同的认识的人或有威望的人解决
　□ 找工商局投诉 　□ 找当地政府管理部门 　□ 找法院 　□ 找当地司法所

8.您若和当地人（中国或蒙古国）发生贸易类纠纷时，您会怎么解决：
　□ 和他（她）私了（协商解决） 　□ 找人调解 　□ 到法院打官司

□ 向工商局12315、7533315举报中心申诉　□ 找当地的本国领事馆解决

□ 到仲裁机构仲裁

9.如果您接受调解，会选择谁来调解：

□ 外商会　□ 市场管理人员　□ 市场里比较有威望的中间人

□ 当地法院工作的人员　□ 工商局12315、7533315举报中心

10.有下面哪些争议中您会找当地司法部门解决：

□ 邻居之间和邻接商铺之间的借贷或小额货物纠纷　□ 进出口货物发生纠纷

□ 他人借了您的钱或东西不还时　□ 与他人之间的货物贸易或边贸合同

11.您觉得外国人（中国或蒙古国）需要遵守当地的法律法规吗？

□ 需要　□ 不需要

12.您或周围的人有没有到司法所（局）解决过纠纷吗？

□ 有　□ 没有

13.您或周围从事边境贸易的人有没有去仲裁机构解决过边境贸易纠纷？

□ 有　□ 没有

14.您知道仲裁机构解决哪些纠纷吗？

□ 不知道　□ 一般贸易纠纷　□ 货物贸易纠纷

□ 劳务输出纠纷　□ 经济合同纠纷

15.您或周围的人遇到边境贸易纠纷时，有没有去法院解决过？

□ 有　□ 没有　□ 不清楚

16.您或周围的人遇到边境贸易纠纷时，去法院解决后对法院判决的结果：

□ 不满意　□ 一般般

17.法院解决纠纷后你们的关系是：

□ 不再来往　□ 合作伙伴变成仇人

18.您或周围的人遇到边境贸易纠纷时，您是更想自己协商解决还是去法院解决：

□ 自己解决　□ 去法院解决

19.您或周围的人遇到边境贸易纠纷时，若不去法院，原因是：

☐ 不懂相关法律　☐ 花很多钱　☐ 等很长时间　☐ 其他

20.您认为法院解决边境贸易纠纷时最大的问题是：

☐ 不方便　☐ 不懂（外国）相关法律　☐ 花很多钱

☐ 等很长时间　☐ 判决结果很难执行

21.您相信下面哪些人或机构做出的调解或判决：

☐ 市场负责调解矛盾纠纷的人　☐ 双方认识的朋友或亲戚　☐ 法院

☐ 海关、司法局和商务局等行政管理部门　☐ 仲裁机构

☐ 工商局12315、7533315举报中心的调解

22.您会服从您所选择的人或机构所作出的解决纠纷的结果吗？

☐ 会　☐ 不会

23.您服从您所选择的人或机构所作出的解决纠纷结果的原因是：

☐ 公正公平、合法的　☐ 它是国家机关或部门

☐ 他们有权威　☐ 大家都相信、服从，所以我也相信、服从

附录二：Маргаан шийдвэрлэх сонгон шалгаруулах санал асуулга

　　Сайн байна уу? Энэ асуултыг бөглөхийн тулд өөрийн ажлын хажуугаар цаг зав гаргасан танд баярлалаа. Монгол Хятадын хилийн бүс "Хилийн худалдааны маргааныг шийдвэрлэх сонголт" сэдвээр яриа өрнүүлэх, энгийн иргэд Монгол улсын хилийн бүсийн санаа бодлыг сонсох зорилгоор судалгаа явуулж байна, бодит нөхцөл байдлын дагуу үнэн зөвийг сонгоно уу. Дахин талархал илэрхийлэхийн зэрэгцээ эрүүл энх аз жаргалыг хүсье！

　　Онцгой анхааруулга：

　　Санал асуулга нь зөв буруу гэсэн зүйл байхгүй, сайн бодож сонголтоо хийгээрэй, мөн олон сонголт хийгээрэй. Энэ мэдээлэл нь зөвхөн судалгаанд ашиглагдана. Дэмжлэг үзүүлсэн танд баярлалаа！

　　1. Та аль улсын иргэн бэ：

　　□ Хятад улс　□ Монгол улс

　　2. Та ямар хүйстэй вэ：

　　□ Эмэгтэй　□ Эрэгтэй

　　3. Та хэдэн настай вэ：

　　□ 30-40 нас　□ 40-50 нас　□ 50-60 нас　□ 60-аас дээш

　　4. Таны боловсрол：

　　□ Бага　□ Дунд　□ Ахлах　□ Их сургууль буюу түүнээс дээш

　　5. Та хилийн худалдаатай холбоотой ажил эрхэлдэг үү？

　　□ Тийм　□ Үгүй

　　6. Та Хятад Монголын хилийн бүс эсвэл Хятад Монголын боомт,

тосгон, хотод амьдардаг уу ?

　　□ Тийм　□ Үгүй

7. Хэн нэгэн тантай худалдааны маргаан үүсгэсэн тохиолдолд хамгийн түрүүнд юу хийх вэ ?

　　□ Тоохгүй орхино　□ Нөгөө хүнтэй хамтрах шийдвэр гаргана

　　□ Хоёр тал хоёул таньдаг хүнд хандах , эсвэл маргааныг шийдвэрлэж өгөх хүнийг хайж олно　□ Аж үйлдвэрийн товчоонд гомдол гаргана □ Орон нутгийн засаг захиргааны удирдлагад мэдэгдэнэ　□ Шүүхэд хандана □ Орон нутгийн шүүхэд хандана

8. Хэрвээ та болон тухайн газрын хүний (Хятад эсвэл Монгол) хооронд худалдааны маргаан үүсвэл, та ямар шийдвэр гаргах вэ： □ Тэр хүнтэйгээ эвлэрнэ (зөвлөлдөх)　□ Зуучлан эвлэрүүлэхэд хандана

　　□ Шүүхэд зарга мэдүүлнэ　□ Худалдаа, аж үйлдвэрийн товчоо 12315, 7533315 давж заалдах төв рүү залгана　□ Тус улсын консулын газраар шийднэ　□ Арбитрын байгууллагад очно

9. Та зуучлан эвлэрлийг зөвшөөрч байгаа бол, зуучлагчийг хэнээр сонгох вэ：

　　□ Гадаад худалдааны эвлэл　□ Дэлгүүрийн менежер　□ Дэлгүүрийн нэр хүндтэй зуучлагч　□ Тус нутгийн шүүхийн байгууллагын хүн　□ Худалдаа, аж үйлдвэрийн төв 12315, 7533315

10. Доорх маргаануудын аль хэлбэрт тухайн газрын шүүхэд мэдүүлэн хандах вэ：

　　□ Зэргэлдээ айл, хөрш дэлгүүрийн хоорондын зээлийн болон жижиг ачааны маргаан

　　□ Импорт, экспортын маргаан□ Бусдад өөрийн мөнгө эсвэл бараагаа зээлүүлэн буцаахгүй үед　□ Бусад хүмүүсийн хоорондын бизнес худалдаа болон хилийн арилжааны гэрээний асуудлаар.

11. Та гадаад хүн (Хятад эсвэл Монгол) тус нутгийн дүрэм журмыг дагаж мөрдөх ёстой гэж бодож байна уу ?　□ Хэрэгтэй　□ Хэрэггүй

12. Та эсвэл эргэн тойрны хүмүүс чинь хууль зүй (яам) ашиглаж маргааныг шийдвэрлэж байсан уу ?

　　□ Байсан　　□ Байгаагүй

13. Та эсвэл орчин тойрны чинь хүн маргааныг хилийн худалдааны арбитрын аргаар шийдвэрлэж байсан уу ?

　　□ Байсан　　□ Байгаагүй

14. Та маргааныг ямар арбитрын аргаар шийдвэрлэж мэдэх вэ

　　□ Мэдэхгүй　　□ Энгийн маргааныг　　□ Бараа худалдааны маргааныг

　　□ Хөдөлмөр үйлчилгээ болон экспортын маргаан　　□ Эдийн засгийн гэрээний маргаан

15. Та эсвэл орчин тойрны чинь хүн хилийн маргаанаас болж шүүхэд хандаж байсан эсэх ?

　　□ Тийм　　□ Үгүй　　□ Мэдэхгүй

16. Та эсвэл орчин тойрны чинь хүн хилийн маргааны үед , шүүхийн байгууллагаар шийдүүлж эцсийн гаргасан шийдвэрт:

　　□ Таагүй　　□ Тааруухан

17. Шүүхээр маргааныг шийдвэрлэсний дараа та нарын харилцаа:

　　□ Дахиж харилцаагүй　　□ Хамтран ажилладаг байж байгаад дайснууд болцгоосон

18. Та эсвэл орчин тойрны чинь хүн хилийн маргааны үед, маргааныг өөрөө шийдвэрлэх эсвэл шүүхээр шийдвэрлүүлэхийн алийг нь илүүд үзэх вэ ?

　　□ Өөрөө шийдвэрлэх　　□ Шүүхээр шийдвэрлүүлэх

19. Та эсвэл орчин тойрны чинь хүн хилийн маргааны үед, хэрэв шүүхийн байгууллага руу явахгүй бол, шалтгаан нь:

　　□ Хууль мэдэхгүй　　□ Маш их мөнгө зарцуулна　　□ Удаан хугацаанд хүлээнэ　　□ Бусад

20. Та хилийн худалдааны маргааныг шүүхээр шийвэрлүүлэхэд тулгамдах гол асуудал нь :

□ Хялбар биш   □ Ойлгохгүй（гадны）хуулийн талаар   □ Маш их мөнгө зарцуулна   □ Удаан хугацаанд хүлээнэ   □ гаргасан шийдвэрийг хэрэгжүүлэхэд хэцүү байдаг

21. Та эдгээр хүмүүс эсвэл албан байгууллагын алиных нь гаргасан шийдвэрт итгэдэг вэ？

□ Дэлгүүрийн зөрчил, маргааныг зуучлах үүрэгтэй хүн

□ Хоёрталынтаньдагнайзээсвэлхамаатан   □ Шүүх

□ Гааль, хууль зүйн товчоо, худалдааны товчоо болон бусад захиргааны хэлтэс

□ Арбитрын байгууллага   □Худалдаа, аж үйлдвэрийн товчооны зуучлах төв 12315, 7533315

22. Таны болон бусдын эсвэл байгууллагын сонгосон маргааны эцсийн үр дүнг та даган мөрдөж чадах уу？ □ Чадна   □ Чадахгүй

23. Таны болон бусдын эсвэл байгууллагын сонгосон маргааны эцсийн үр дүнг та даган мөрдөх шалтгаан нь： □ Шударга зөв, хууль ёсны   □ Энэ нь улсын байгууллагын салбар нэгж   □ Тэд нар эрх бүхий байгууллага   □ Бүгд итгэдэг, захирагддаг, иймээс би ч бас итгэж, захирагдана